Биља Крстић & БИСТРИК

ИЗВОРИШТЕ

Од Извора до „Бистрика"

Приредила
Тања Николић

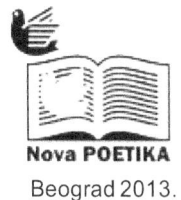

Nova POETIKA
Beograd 2013.

From the well to "The BISTRIK"

If you go upstream, any river,
you will reach the springhead or the source.
Source is small, while the coasts are wide.
A few drops created powerful flood.
So it is with music.
From a few tones a strong music is created.
What we hear now, someone sent from a source.
Then someone added something and gave different coloring. A third party wroted it down and memorized. Down by the river of sounds, that pounds the coasts of all our senses,
we'll sail this book.

Dragomir Gale Jankovic

Од извора до „БИСТРИКА"

Ако кренете узводно, било којом реком,
стићи ћете до извора.
Извор мали, а обале широке.
Од пар капи, настале су моћне бујице.
Тако је и са музиком.
Од пар тонова настале су силне симфоније,
особене и препознатљиве.
Оно што данас слушамо, послао је неко са неког
извора, музику прављену душом, инстинктом и
срцем. Онда су неки други додавали и бојили.
Трећи записивали и памтили.
Том реком тонова, који запљускују обале свих
наших чула,
пловиће ова књига.

Драгомир Гале Јанковић

Бистрик
врело - извориште
(Биља Крстић)

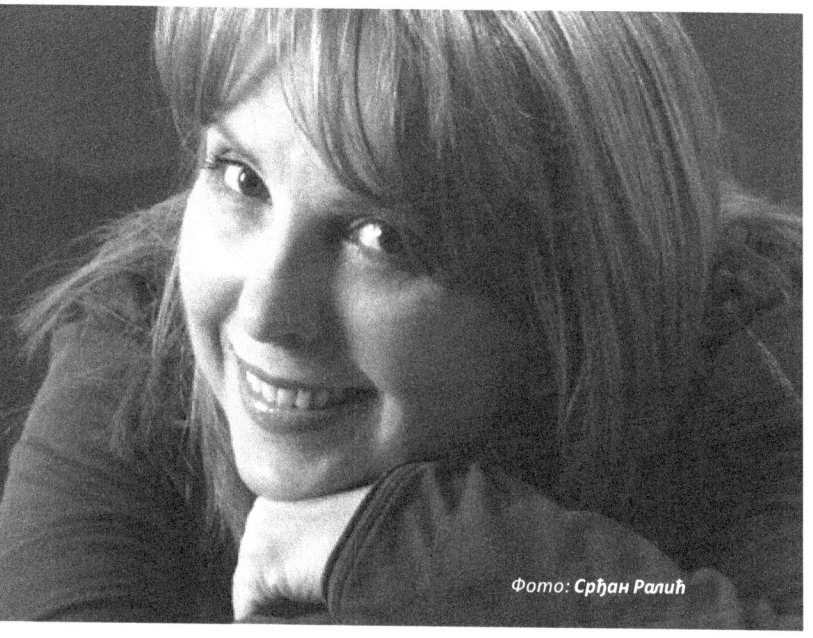

Фото: Срђан Ралић

    Често сам за време одмора у средњој музичкој школи уз клавир са друштвом, певала велике светске хитове. Правили смо невероватне хармонске склопове. Такмичили смо се ко ће смислити нешто оригиналније, теже и лепше за певање у више гласова. Сјајан пример из тог времена је комплексно и веома захтевно *Калајџијско коло*, које ће после више од двадесет година постати атрактиван део концертног програма оркестра *Бистрик*.

Уласком у чувени *Хор младих*, тзв. "Ицин хор" из Ниша, сусрећем се са лепотом хорског певања, упознајем Мокрањца и дефинитивно крећем на пут, без повратка – пут музике! Догађај из тог периода, који посебно носим у срцу, је први наступ са *Хором младих* на *Нишким Хорским свечаностима*. У дворишту зграде где сам живела, специјално за ту прилику, био је постављен телевизор и цео комшилук се скупио да гледа "њихову Биљу", у веселој атмосфери, као на некој утакмици. Већ следеће године, многи од њих били су први пут на овом фестивалу на летњој позорници и слушали хорове.

Следи пут у Београд и ФМУ као и чланство у чувеном хору "Collegium musicum". Паралелно са тим и почетак професионалне каријере са групом "Сунцокрет" а касније и Ђолетом Балашевићем.

Оснивању Бистрик оркестра претходио је велики истраживачки пут и рад на прикупљању и обради нашег музичког блага. На том путу много ми је помогао етномузиколог Димитрије Микан Обрадовић. Уз њега сам упознала записе проф. Миодрага А. Васиљевића (оснивача Катедре за етномузикологију на ФМУ-у) и заволела традиционалну музику.

Са дугогодишњим искуством солисте и хорског певача, кренула сам у нову музичку авантуру. Путујући кроз прошлост и ослушкујући искуство наших предака, открила сам богато етномузиколошко наслеђе. Упознала сам најлепше традиционалне бисере записане и мелографисане у књигама еминентних етномузиколога, и тонски забележене и архивиране у фонотеци Радио Београда и ФМУ. Пронашла сам доста занимљивог и вредног материјала и у приватним збиркама поштовалаца традиционалне песме.

И ево нас после дванаест година на самом почетку, на извору, на *извори шту*.

"Извориште" је назив албума, али назив је и емисије коју радим на РБ1 већ четири године. Име које носи мој оркестар *Бистрик* значи: извор. *Бистрик* или *Извориште* је и радионица у којој младим талентованим певачима откривам заборављено, тумачим записано, и које учим непознато.

Bistrik

The Wellspring
(the wellspring of clear water)
(Bilja Krstic)

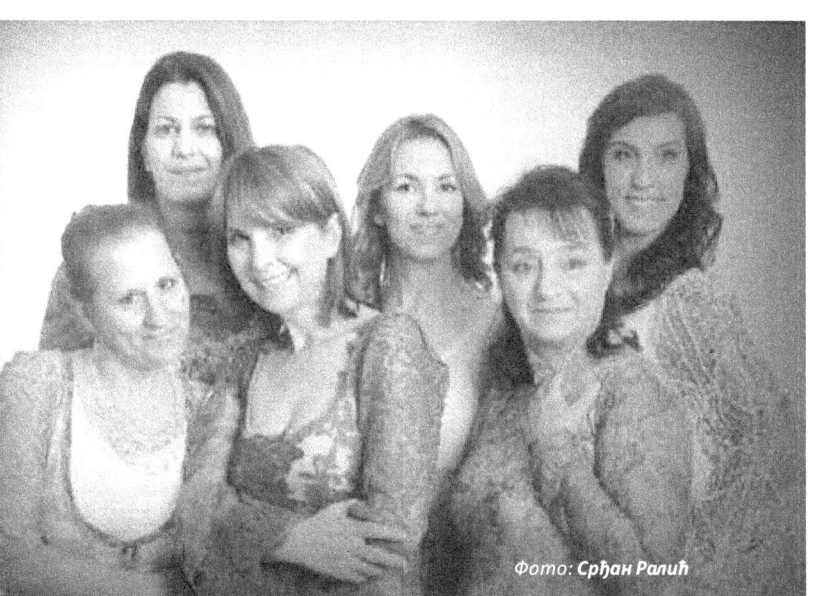

Фото: **СрђанРалић**

Often, during breaks between classes, in the music high school, I use to play the piano and sing great world hits with the friends from shool. We were making incredible chord arrangements. We competed who will come up with something more original more beautiful for singing in ever greater number of voices. Splendid example of the time is a complex and extremely demanding: Tinsmith's dance" *(Kalajdžijsko kolo)*, which will, after more than twenty years, become an attractive part of the concert by "The Bistrik Orchestra".

When I joined the famous Choir of Young from Nis (we called it „Icin Choir") I found about all the the beauty of choral performance, lerned about Mokranjac and definitely crossed the point of no return - the way the music! Event of this period, that is very dear to my heart is the first performance with the Youth choir at Choir ceremonies in Niš. In the courtyard of the building where I lived especially for that occasion was the television set and the whole neighborhood gathered to watch "their Bilja" and the atmosphere was absolutely cheerful as if they watched a football game. The very next year many of them came for the first time at this festival at Summer Stage and listened to choirs.

After that came my time in Belgrade and FMU as well as membership in the famous choir "Collegium Musicum". At the same time I started a professional career, first with a group of "Sunflower" and later with Đole Balasević.

Prior to establishing *The Bistrik Orchestra* I performed a large research and worked on the collection and processing of our musical treasures. Regarding this, ethnomusicologist Dimitrije Mikan Obradović helped me a lot. He entroduced me to the records of Prof. Miodrag A. Vasiljević, founder of the Department of Ethnomusicology at the FMU) and I fell in love with traditional music.

With many years of experience as soloists and choral singer under my belt, I started a new musical adventure. Travelling through time and listening to the experience of our ancestors, I discovered a rich ethnomusicological heritage. I found the most beautiful traditional pearls recorded in the books of our eminent ethnomusicologists and audio recordings archived in Audio recordings archives of Radio Belgrade and FMU. I found quite interesting and valuable materials in private collections of admirers of traditional songs.

Twelve years after, here we are at the beginning, at the spring, at the root. The Wellspring is the name of the CD, but also the name of the shows I run on RB1 for four years. The name of my orchestra is *Bistrik* which means: the wellspring of clear water. *Bistrik* or The *Wellspring* is also the name of the workshop in which I discover forgotten, interpret written, and teach the unknown to young, talented singers.

ОФЧАРЧЕ ОФЦЕ ПАСЕШЕ
(Србија, Косово)

Офчарче офце пасеше, џанум,
Покрај њи река врташе.
Река му дође голема,
Донесе мома убава.
Еј, мома му вели, говори:
„Офчарче младо, море, бећарче,
Ако ме жива извадиш,
За тебе мома ће бидем."

ОФЧАРЧЕ ОФЦЕ ПАСЕШЕ

(Србија, Косово)   Димитрије Микан Обрадовић

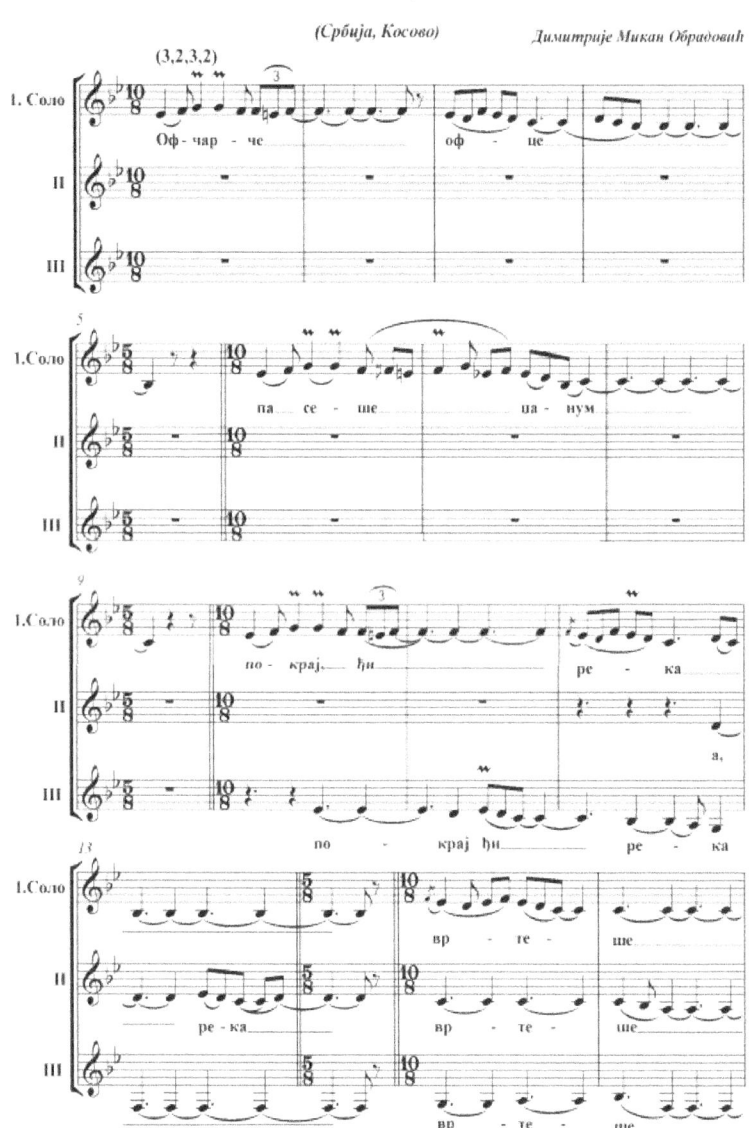

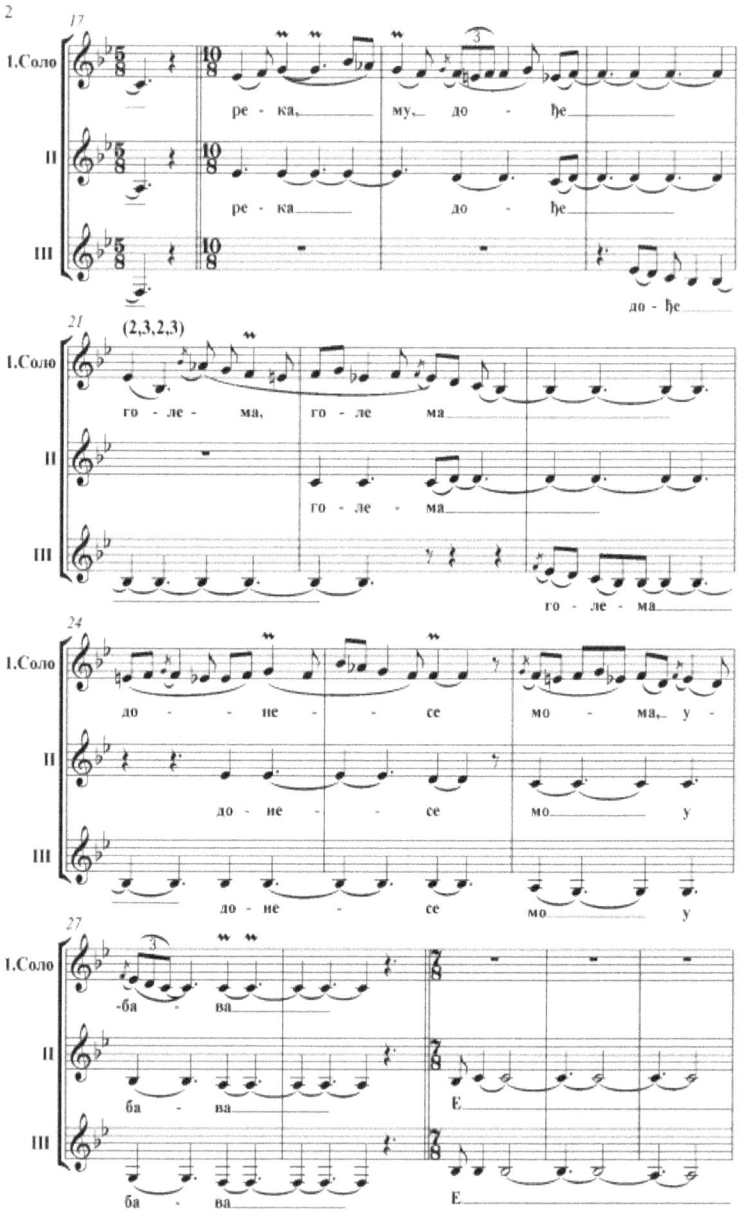

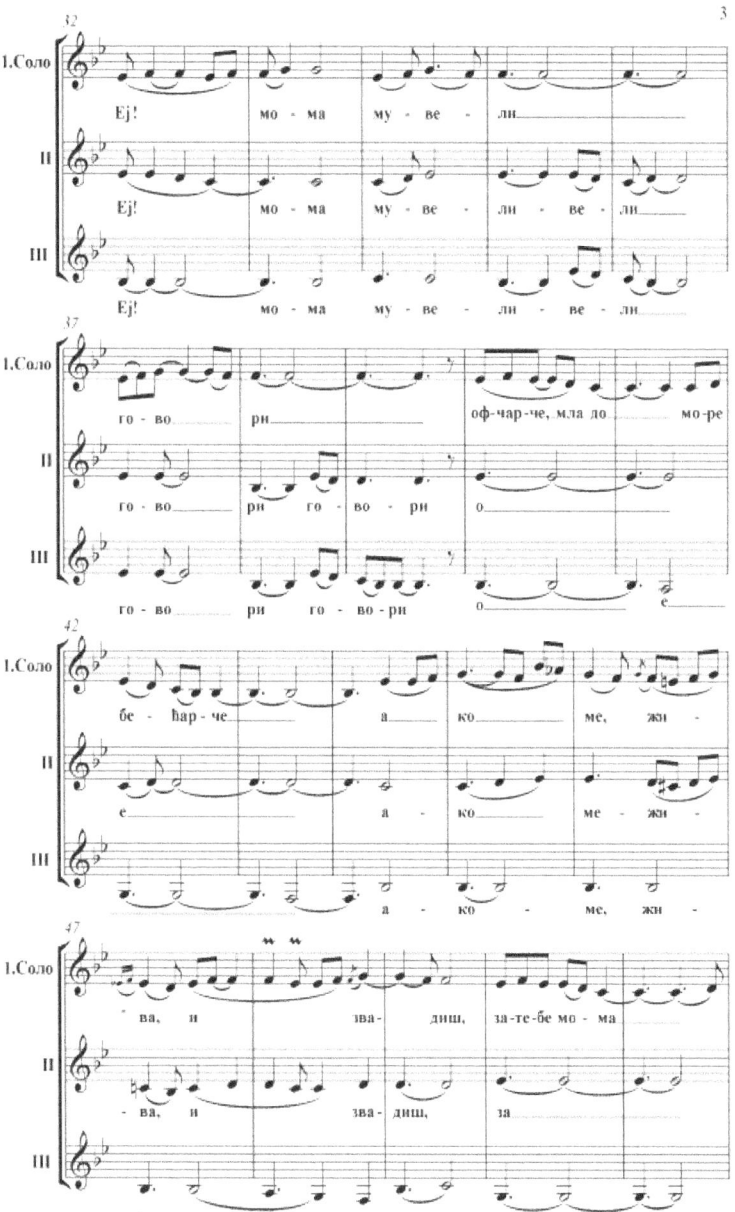

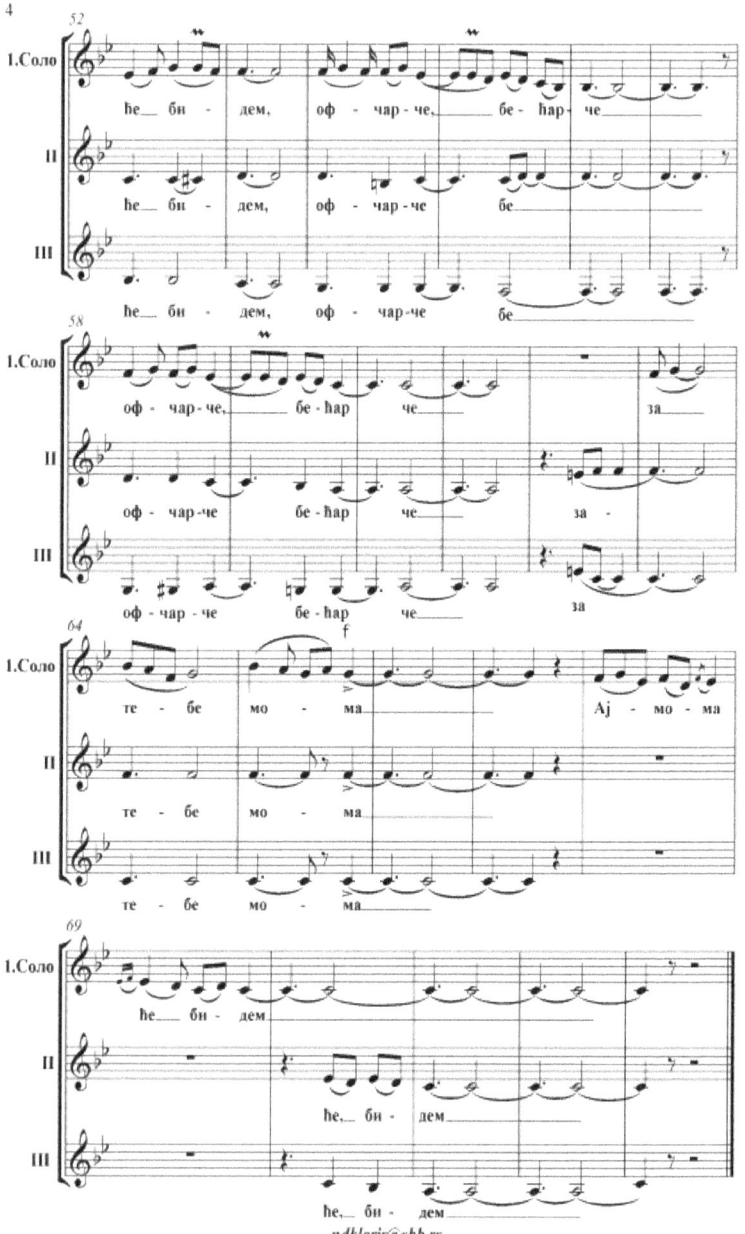

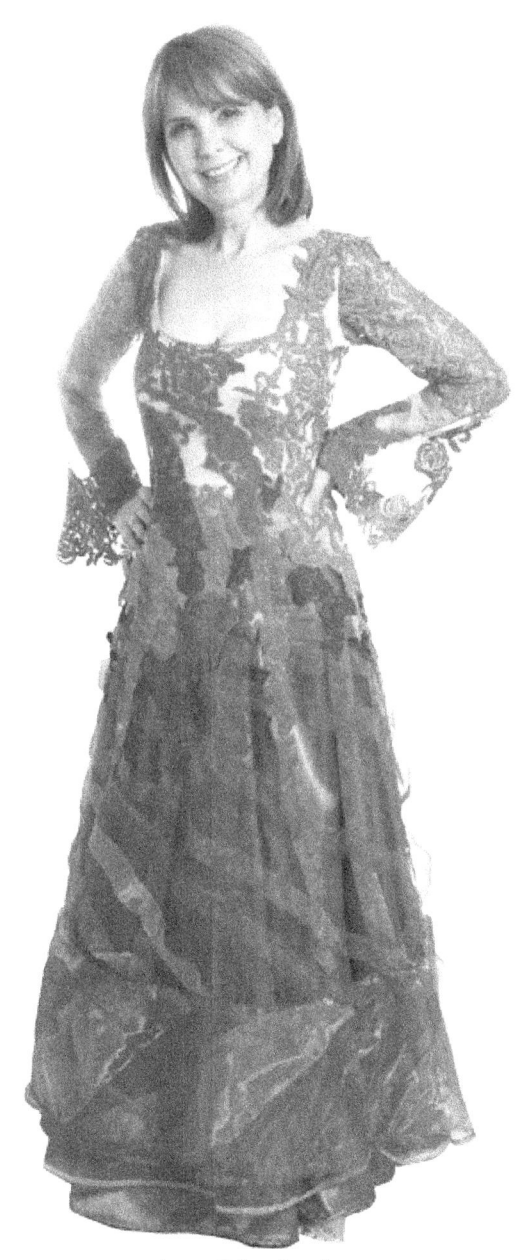

Фото: **Срђан Ралић**

About the album

This decorative feather of folk music with women's voices, techniques and characteristic ornamentation, presents folk traditions and rich colors of Serbia. It is well known that women's voices from Balkans have their vocal characteristic that identifies and distinguishes Balkans from other regions.

Through the songs that I chose for the album, one can feel the connections in the Balkans region. I spent hours and hours over the old musical and audio recordings, reviewing them, analyzing. I sang a number of songs and really enjoyed it. With *The Wellspring* we have made a link between our original musical creativity and modern tendencies. Someone wrote that we are "precious purveyors of valuable features of our musical culture and creators of new variants of its survival inr the modern world".

О албуму

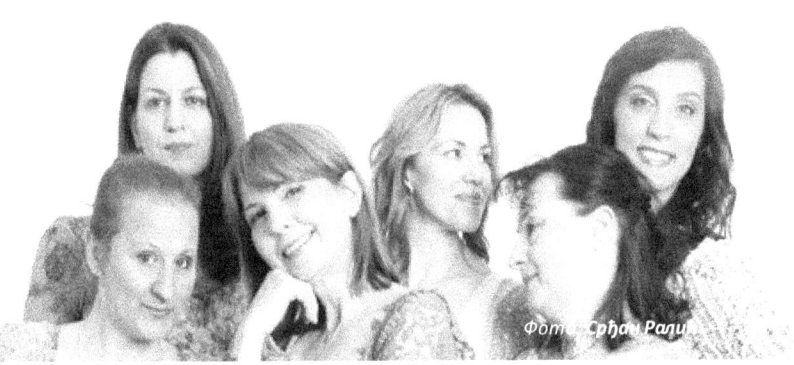

Фото: Срђан Радић

    Ово украсно перо народних напева са женским гласовима, техникама и карактеристичним орнаментацијама представља фолклорну традицију и богат колорит Србије. Познато је да женски балкански гласови имају своју вокалну особеност која се препознаје и издваја.

    Повезивање балканског простора осећа се кроз песме које сам одабрала за албум. Уз старе нотне и аудио записе, проводила сам сате и сате: преслушавала, анализирала и певала велики број песама и истински уживала. Са *Извориштем* смо направили спону између нашег изворног музичког стваралаштва и савремених тенденција. Неко је написао да смо "драгоцени преносиоци вредних особености наше музичке културе и креатори нових варијанти њеног опстајања у савременом свету".

ШТА СЕ ОНО ЗЕЛЕНИ
(Србија, Косово)

Шта се оно зелени
Ај, на Милкине пенџери,
    Мила мамо?

Шта се оно зелени
Севдегом под Милкине пенџери,
    Мила мамо?

ШТА СЕ ОНО ЗЕЛЕНИ

(Србија, Косово)

Димитрије Микан Обрадовић

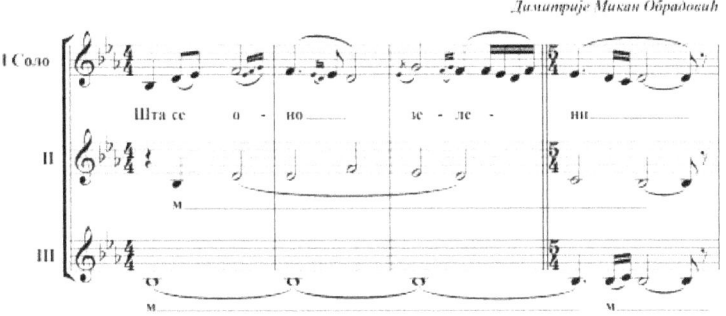

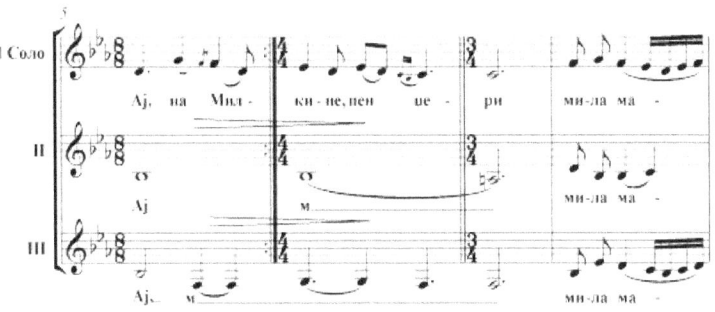

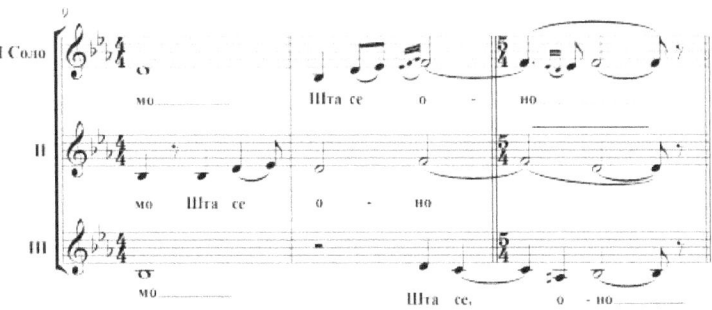

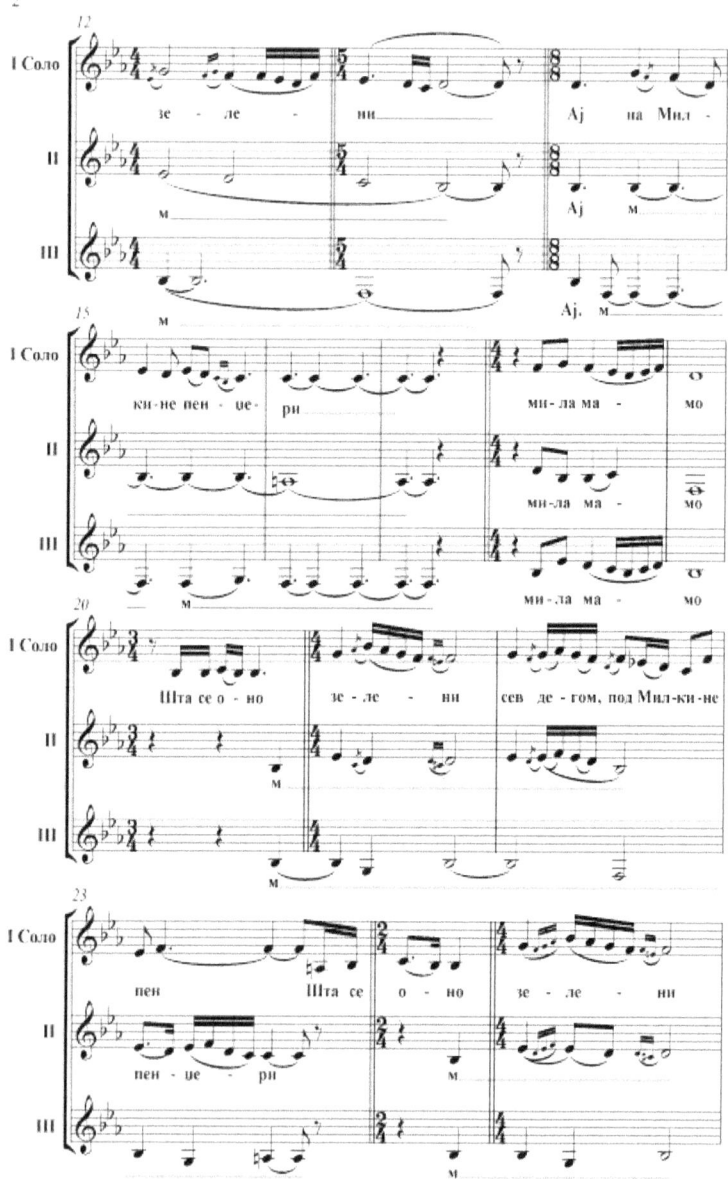

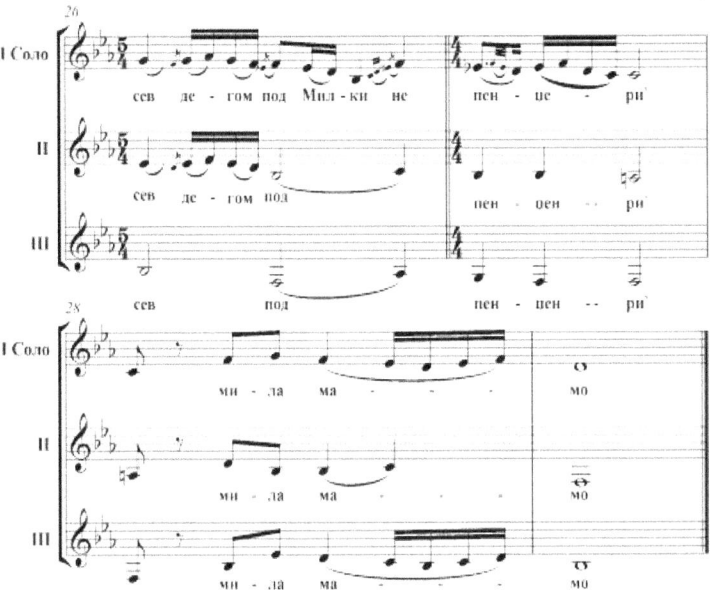

ДЕВОЈКА СЕ СУНЦУ ЗАМЕРИЛА
(Источна Србија)

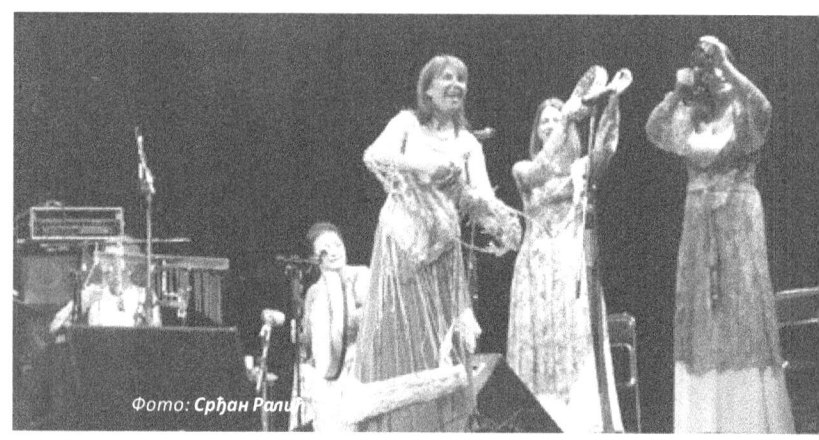

Фото: **Срђан Ралић**

Девојка се Сунцу замерила,
Сунцу замерила.
Жарко Сунце, жарко сунце,
лепша сам од тебе,
ај, лепша сам од тебе.
Ај, на то се је
Сунце ражалило,
па удари,
Петрове врућине,
да ожеже лице девојачко.

Ај, вај, вај...

ДЕВОЈКА СЕ СУНЦУ ЗАМЕРИЛА

(Србија)

Димитрије Микан Обрадовић

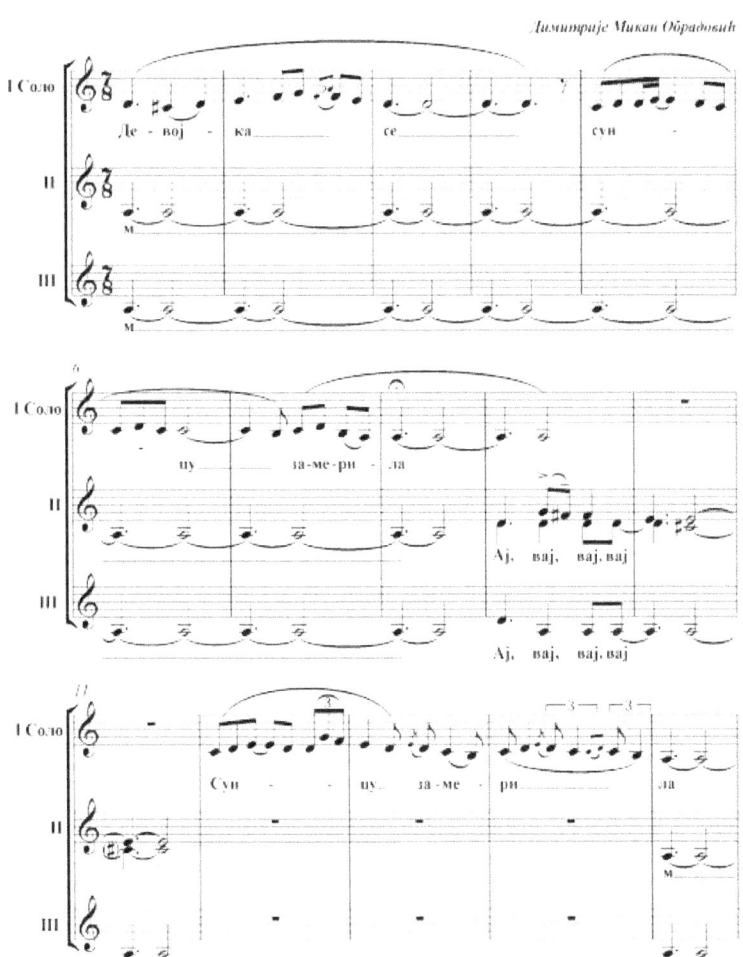

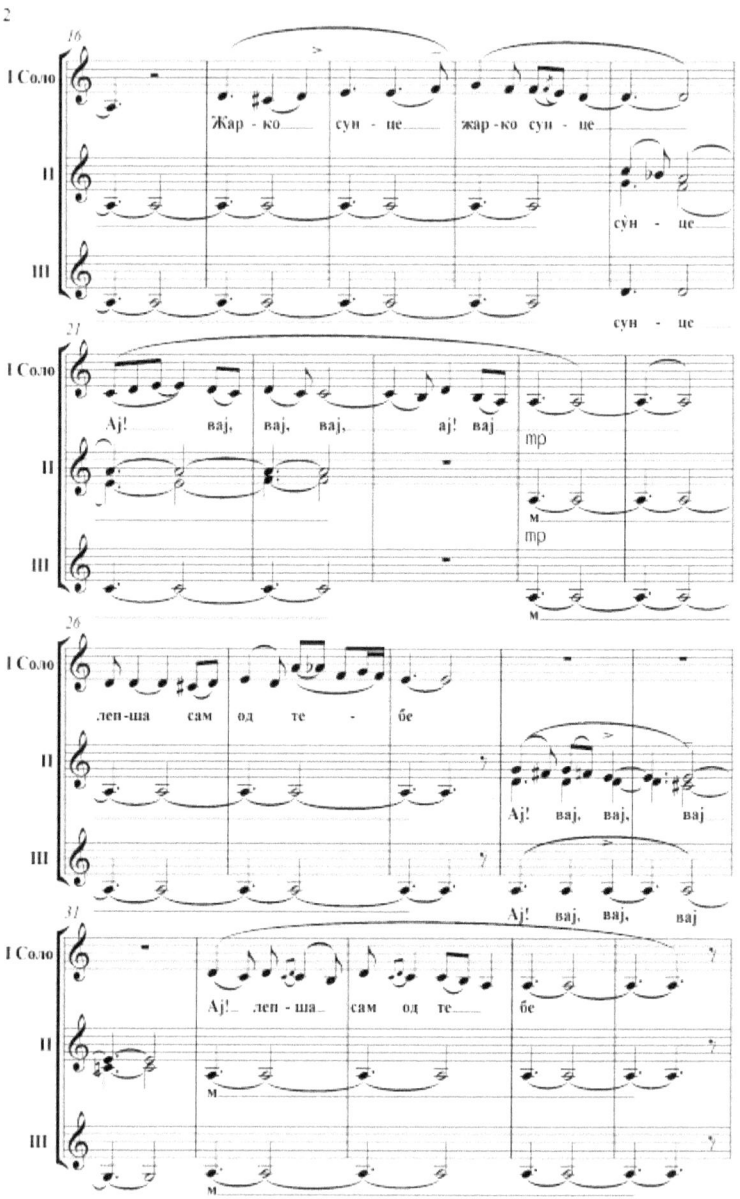

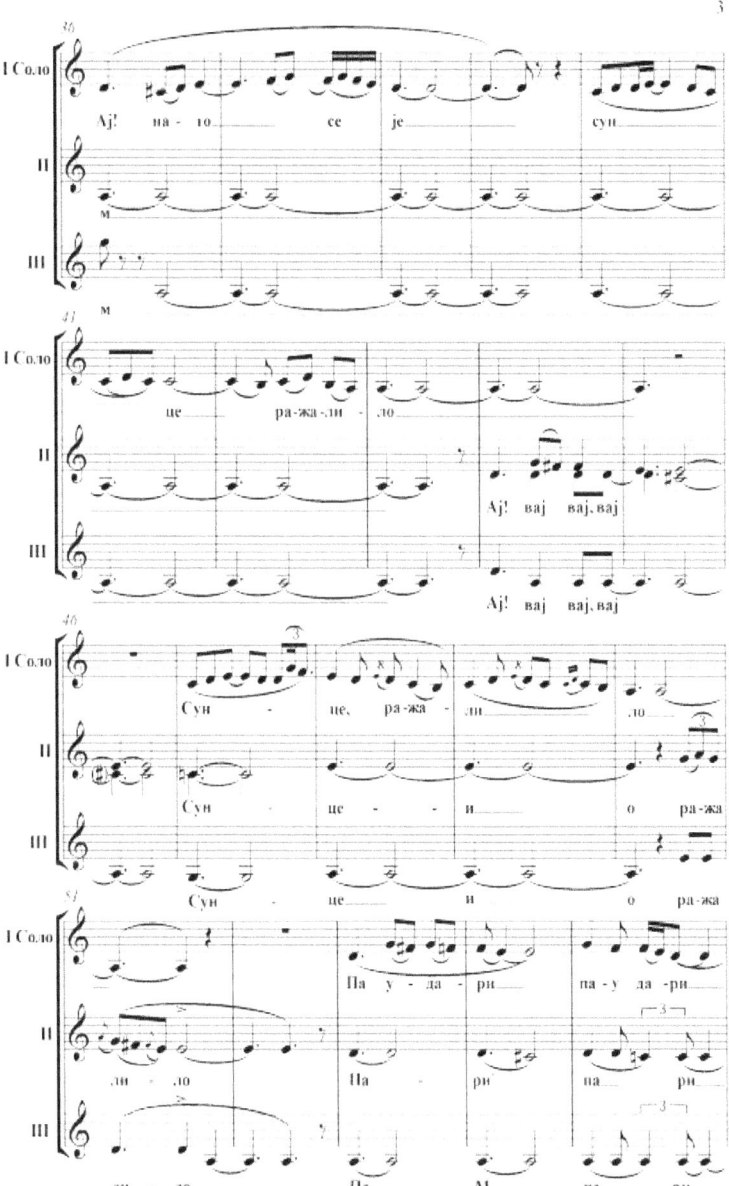

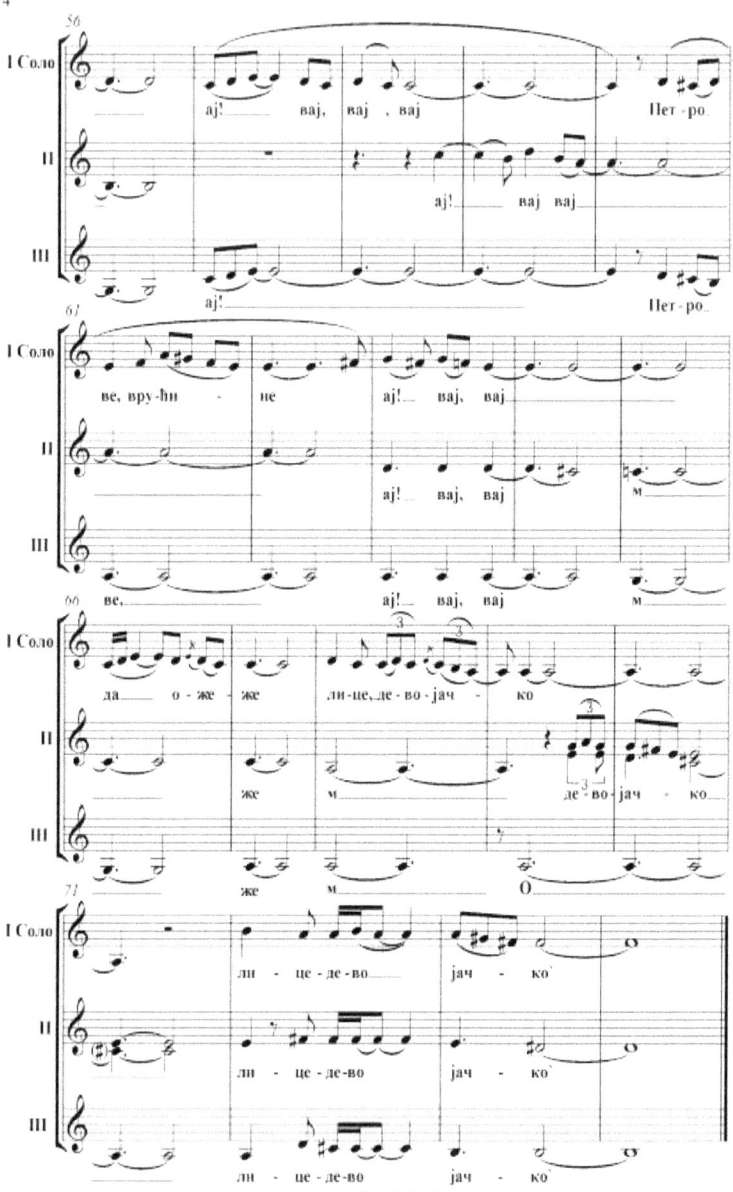

"The Girl confronted the sun"
(South Serbia)

The song "The Girl confronted the sun" composed by traditional text, carries all the tonal qualities of Serbian folk music. Written in "Trijest" tonal sequence (three chords in sequence) in the 7/8 rhythmic division of Ambitus diminished octave melody introduces the musical thinking and aesthetics of folk practices. It seems that we recognize in it old instruments with two and three strings (guslice, gege) and primordial sound of minor third, which gives a special color and beauty to the song. All this indicates that the voice and melody are perceived as the most beautiful and most valuable omen. That characterizes our region and our spiritual expression .

„Девојка се сунцу замерила"

Песма "Девојка се сунцу замерила", компонована према традиционалном тексту, носи у себи све тоналне одлике српског музичког фолклора. Настала на *ТРИЈЕСТНОМ* тонском низу (трихорди у низу) у 7/8 ритмичкој подели са амбитусом умањене октаве, мелодија нас упознаје са музичким мишљењем и естетиком фолклорне праксе. У њој као да препознајемо старе двоструне и троструне инструменте (гуслице, геге) и праисконски сазвук *мале терце*, што даје посебну боју и лепоту песме. Све ово казује да се глас и мелодија доживљавају као најлепше и највредније знамење. То је оно што карактерише наше поднебље и нас духовни израз.

НА КРАЈ СЕЛО ДАМЈАН КОЛО ВОДИ
(Југоисточна Србија)

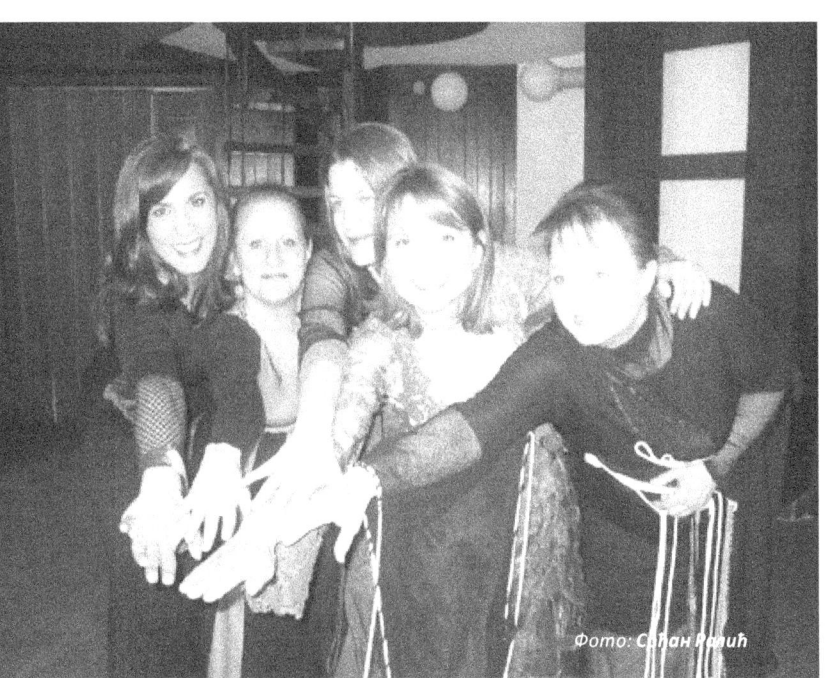

Фото: Сањан Рајић

Море, на крај село,
Дамјан коло води.
Море, ем га води, ем га љуља,
На горе, на доле.
Море, ко га викне,
Цело село екне!

НА КРАЈ СЕЛО ДАМЈАН КОЛО ВОДИ

(Југоисточна Србија)

Димитрије Микан Обрадовић

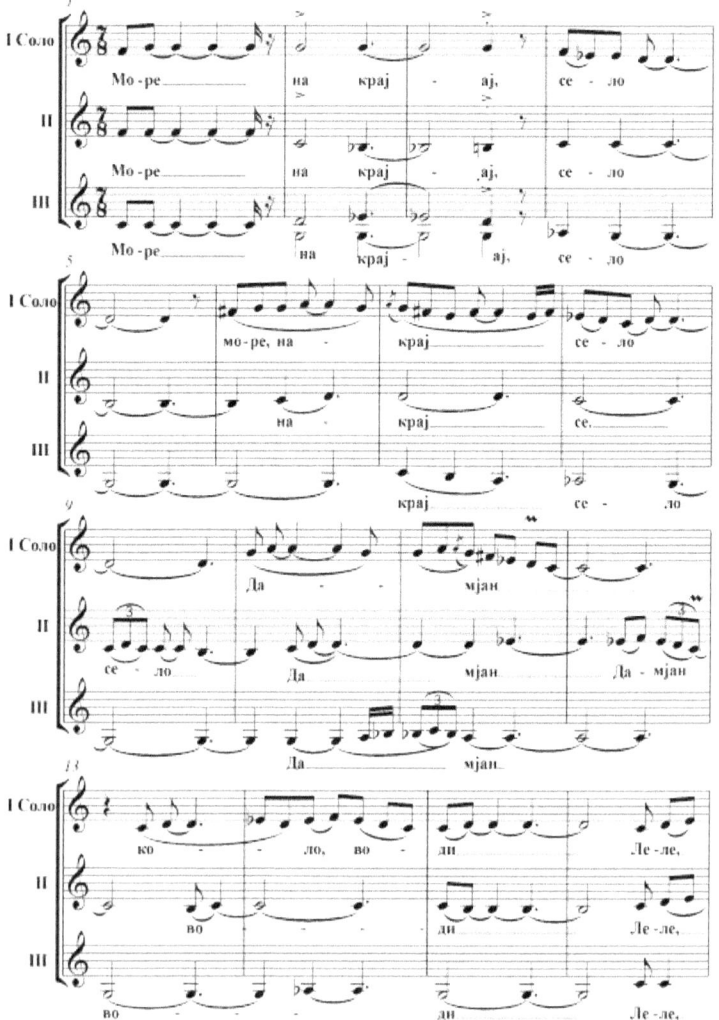

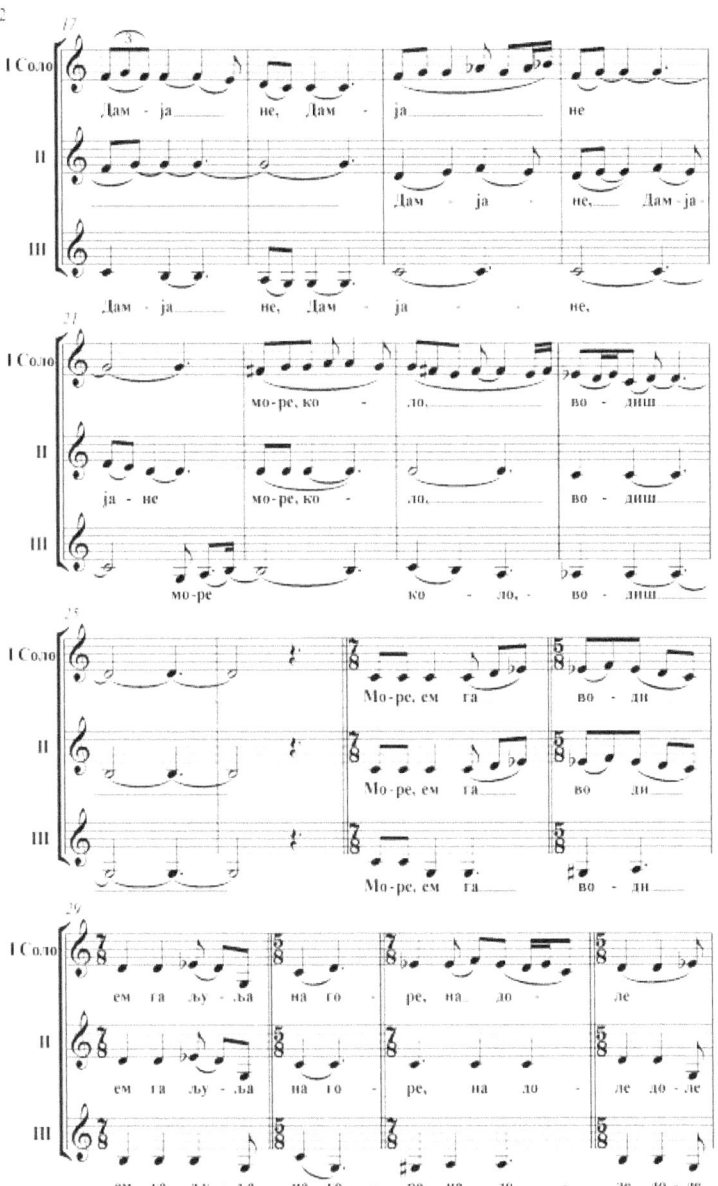

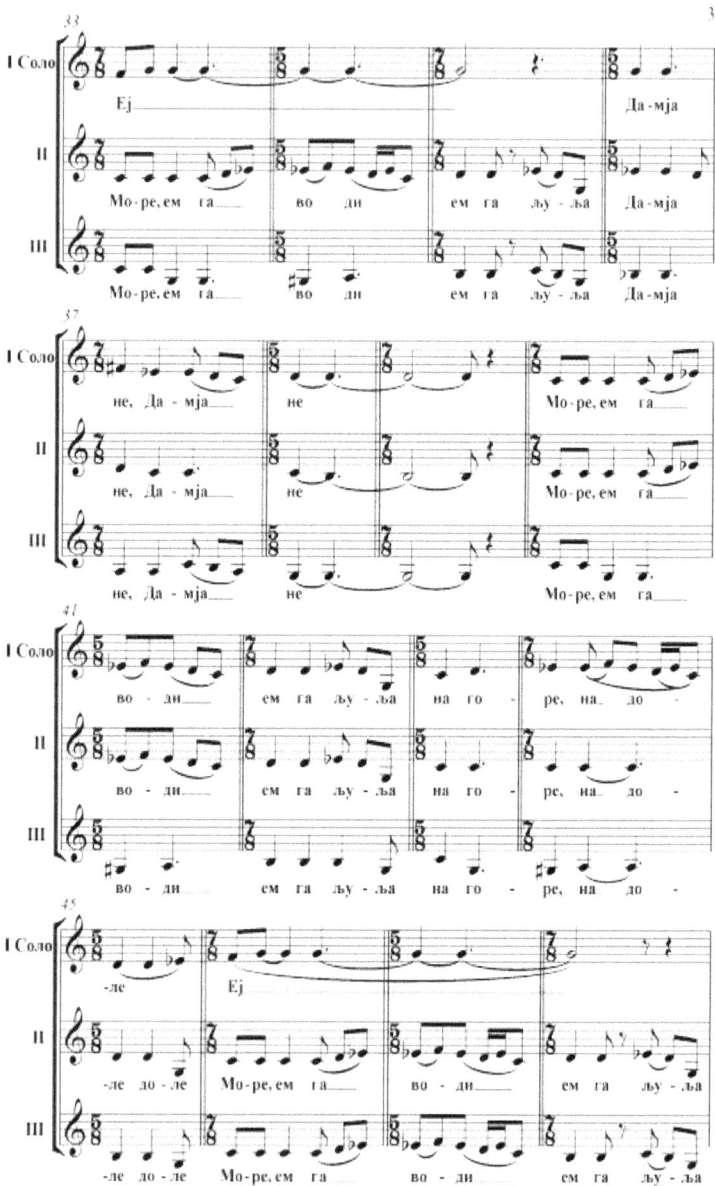

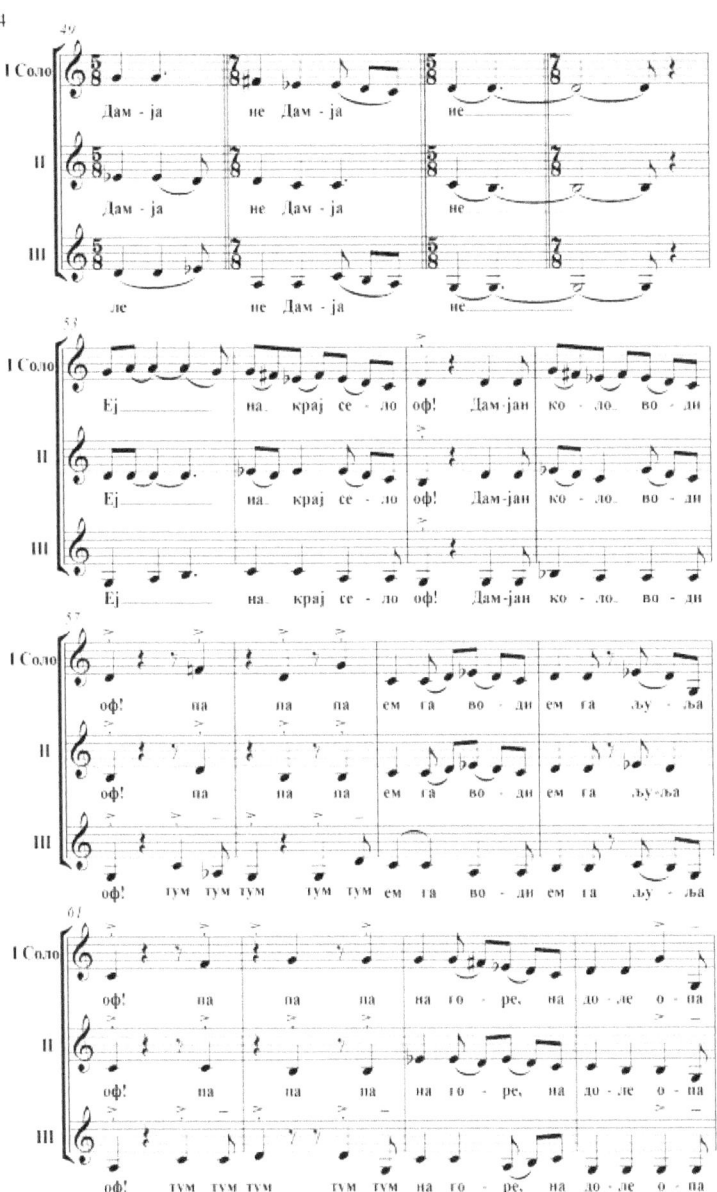

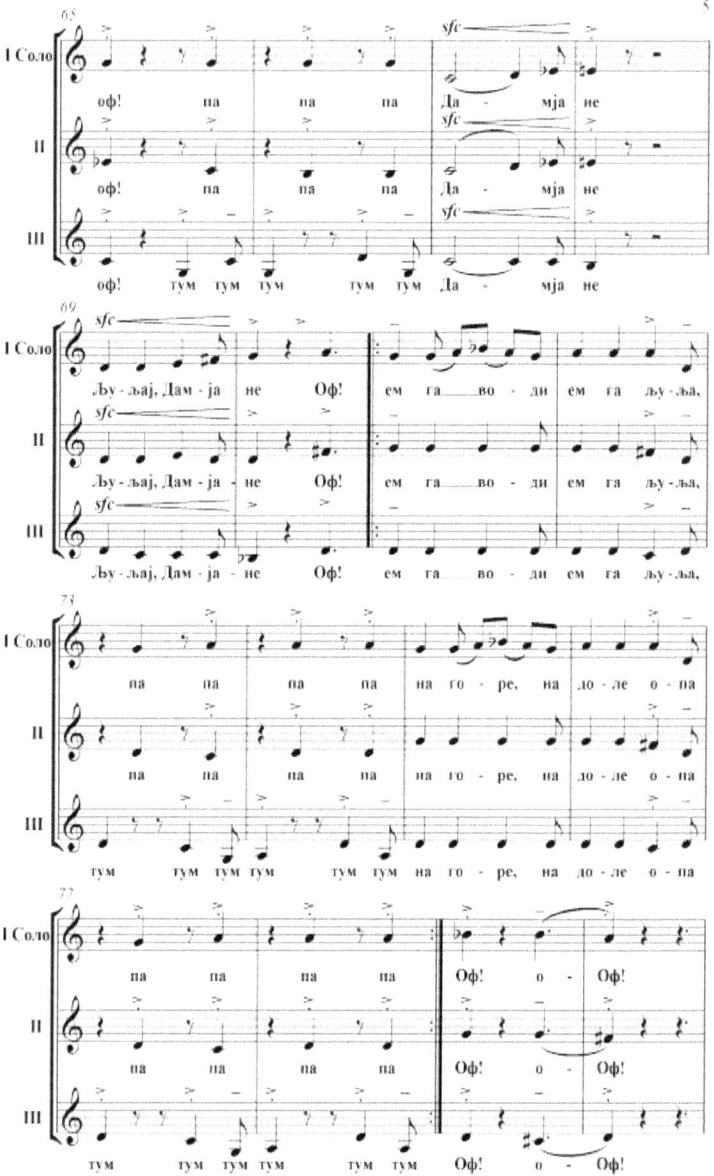

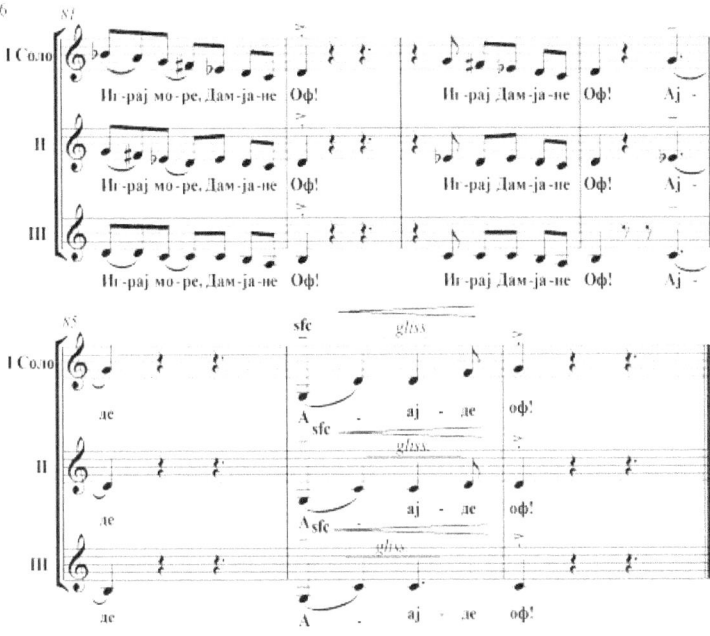

Моја нова породица – БИСТРИК
(Наташа Михаљинац)

Никада нећу заборавити дан када ме је Биља позвала да јој помогнем у реализацији вишегласних песама за њен први албум "Бистрик" и када смо заједно са Ружом, отишле код нашег незаобилазног сарадника, етномузиколога, композитора и аранжера, Микана Обрадовића. Било је то пре много година, почетком лета 2000. године. Поделио нам је ноте песме "Кад сам била девојана", које је према традиционалном запису са Косова, специјално аранжирао за нас три. Запис је био препун хроматике, секундних сазвучја, тешких деоница и необичних мелодијских скокова. Ништа томе слично до тада нисам видела. И онда је једноставно рекао: "Изволите, певајте". Нас три смо се само погледале и кренуле у једну велику авантуру која је данас, коначно, крунисана првим *a cappella*-диском групе "Биља Крстић и Бистрик" - *Извориште*.

Било је невероватно. Одмах смо се уклопиле и схватиле да ћемо се управо таквим начином певања бавити дуги низ година. Уследиле су пробе на којима смо научиле како заједно да дишемо, да никад не остављамо једна другу без подршке, и како да се међусобно ослушкујемо. Убрзо смо урадиле и песме "Аман, воденичаре" и "Шта се оно зелени" које су се такође нашле на нашем новом албуму.

Када смо спремале *Извориште*, договориле смо се да самостално прегледамо све од старих транскрибованих традиционалних песама што имамо у нашим, али и другим архивама.

Тако су настале још неке, нама веома драгоцене сарадње. Обратиле смо се нашој бившој професорки са Факултета музичке уметности, Зорислави Васиљевић, кћерки нашег првог етномузиколога, чувеног Миодрага Васиљевића. Знале смо да она има прегршт необјављених теренских снимака и његовом руком исписаних транскрипција народних песама. Наша идеја је веома обрадовала и показала нам је све што је сачувано од дугогодишњег рада њеног оца. Када смо виделе какво је то благо и колики је обим тог материјала, прво смо јој помогле да објави, књигу "Србија" са нотним записима, а онда смо одабрале још неколико записа из различитих крајева Србије: "Шта с' оно чује на оној страни" и "Каравиље, кара ли те мајка".

Зорислава Васиљевић више није међу нама, али јој захваљујемо на свему што је учинила за нас.

Репертоар је бивао све обимнији и тежи. Било је све више концертних активности које су подразумевале *a cappella* извођења, тако да смо одлучиле да трио обогатимо још неким гласовима, у циљу што бољег и лепшег сазвука. Наше "појачање" је заправо било већ одавно ту, у оркестру "Бистрик". Било је сасвим логично да Маја Клисински и Нена Радонић постану део *a cappella*-приче, а Биља је позвала и Наташу Симић, некадашњу чланицу групе "Бело платно". Екипа од нас шест женских вокала оформила се спонтано и вредно је почела да ради на стварању диска "Извориште". Лако смо се договарале која ће шта да пева, знале смо која је предодређена за који глас. Пронашле смо неколико варијанти за сваку песму. Училе смо и све гласове посебно, тако да постоји много комбинација за певање ових песама. А тако смо их и снимиле. Неке смо певале све, неке само по нас три или четири, негде смо имале изразиту полифонију и вишегласје, а негде унисоно певање. На снимању нам је било интересантно у сваком случају, јер смо најбоља решења проналазиле "у ходу". Разноврсност ритмичких образаца и мелодијских деоница стално су нам доносили нова надахнућа.

Поред песама које сам поменула, одабрале смо још неколико Миканових аранжмана: "Офчарче офце пасеше", "Девојка се сунцу замерила", "Листај ми горо зелена" и "Дамјан коло води". "Калајџијско коло" је Биљин печат још са почетка рада оркестра "Бистрик", које смо овога пута обогатиле. Нешто слично се одиграло и са песмом "Кочија се љуља". А песма "Расла дуња и јабука" настала је захваљујући теренском снимку који смо пронашле на Факултету музичке уметности. Надам се да смо успеле да направимо прави избор и да дочарамо изразито богатство наше вокалне традиције.

За мене лично, највећи успех би био када би публика која нас слуша увидела колики труд и рад, као и љубав и поштовање према музици уопште, стоји иза звучног издања званог "Извориште". У овој врсти музике сам пронашла себе. У овој великој екипи несвакидашњих музичара и сјајних људи сам пронашла своју породицу.

My new family – The BISTRIK ORCHESTRA
(Natasa Mihaljinac)

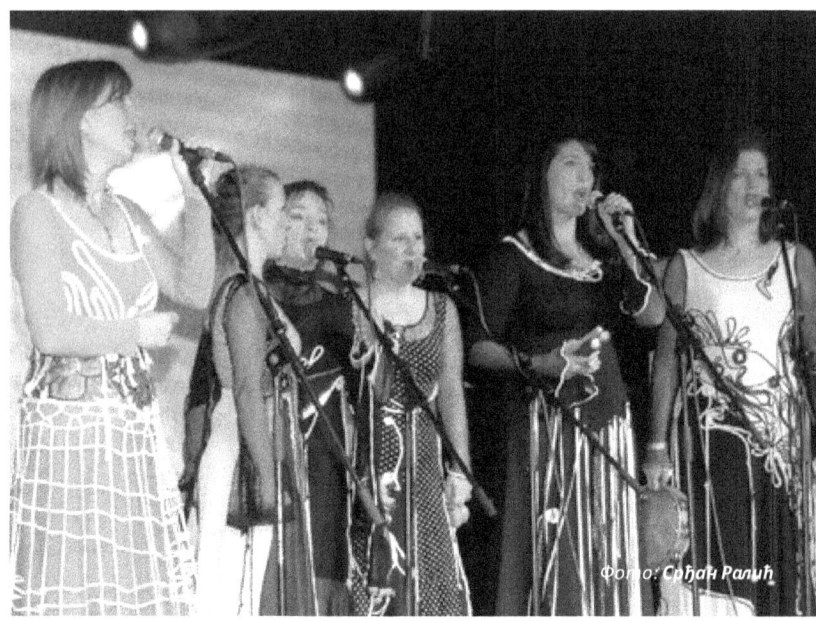

I will never forget the day when Bilja invited me to assist in the implementation of polyphonic songs for her first album "Bistrik" and when we, together with Ruža, went to our associate, ethnomusicologist, composer and arranger, Mikan Obradović. It was many years ago, at the beginning of summer of 2000. He gave us notes of the song "When I was a young girl" (*Kad sam bila devojana*), which is the traditional song form Kosovo, specially arranged for the three of us. The melody was full of chromatic, second-like harmony, with heavy sections of unusual melodic leaps. Until than I saw nothing like that. And then he just said, "Ok, sing." The three of us just looked at each other and went into a big adventure that is finally crowned today with the first *a cappella* group disk of "Bilja Krstić and Bistrik orchestra" - "*The Wellspring*".

It was incredible. Immediately we fit and realized that we in fact deal with this kind of singing for many years now. There have been rehearsals where we learned how to breathe together, never to leave each other without the support, and how to listen to each other. Soon we have done the songs "Hey, miller" (*Aman vodeničare*) and "What is that green over there" (*Šta se ono zeleni)* which are also on our new CD.

When we were preparing *The Wellspring* album, we have agreed to independently review all of the old transcribed traditional songs that we have in our archives, as well as others. So, many very valuable cooperations emerged from that. We addressed to our former teacher from the Faculty of Music, Zorislava Vasiljević, daughter of our first ethnomusicologists famous Miodrag Vasiljević. We knew that she had a handful of unreleased field recordings and her fathers handwritten transcriptions of folk songs. She was very pleased with our idea and showed us all that survived of the long work of her father. When we saw that treasure and the scope of the material, we helped her to publish the book "Serbia" with sheets of music, and then we have selected a few tracks from different parts of Serbia: "What's that heard on the other side" (*Šta s' ono čuje na onoj strani*) and "Karavilje, does your mother scold you." (*Karavilje, kara li te majka*)"

Sadly, Zorislava Vasiljević is no longer among us, but we thank her for everything she has done for us.

Repertoire became more extensive and more difficult. There were more concert activities This included *a cappella* performance, so we eventually decided to enrich the trio with some more voices in order to improve the sound. Actually, our "reinforcement" was already there, in our " Bistrik orchestra". It was quite logical that Maja Klisinski and Nena Radonić should become a part of *a cappella* stories and Bilja called Nataša Simić, former member of the group "White canvas" (*Belo platno*). A team of six female vocalists was formed spontaneously and diligently and began to work on creating the disc *"The Wellspring"* (*Izvoriste*). We quickly made arrangements what we will sing because we knew exactly what each of us was going to sing due to her voice. We found several versions of each song. We learned all the voices separately, so there are many combinations of singing these songs. Finaly we have those songs recorded in that manner. Some songs we all sang along, some only three or four of us, somewhere we had extreme polyphony, and somewhere it was unison singing. In the studio we had an interesting time in any case, because we were finding the best solutions "on the fly".

Variety of rhythmic patterns and melodic sections constantly brought us new inspiration.

In addition to the songs that I mentioned before, we have selected a few Mikan's arrangements: " *The shepherd was keeping sheep* " (*Ofčarče ofce paseše)*, "Girl confronted the sun" (*Devojka se suncu zamerila*), "Grow green my green forest" (*Listaj mi goro zelena*) and "Damian lead the dance" (*Damjan kolo vodi)*.

"Tinsmith's dance" (*Kalajdžijsko kolo*) is Bilja's seal from the beginning of the "Bistrik" orchestra. Now we just have it enriched. Something similar happened with the song, "The carriage is rocking" (*Kočija se ljulja*). The song "Quinces and apples" (*Rasla dunja i jabuka*) was created thanking to the field recordings that we have found in the Faculty of Music. I hope that we have managed to make the right choices and present the very richness of our vocal tradition.

For me personally, the greatest success would be if the audience that listens to us become aware of how much effort and work, as well as love and respect for music in general, is behind the audio edition called *"The Wellspring"* (*Izvoriste*). In this type of music, I found myself. In this great team of extraordinary musicians and great people I have found my family.

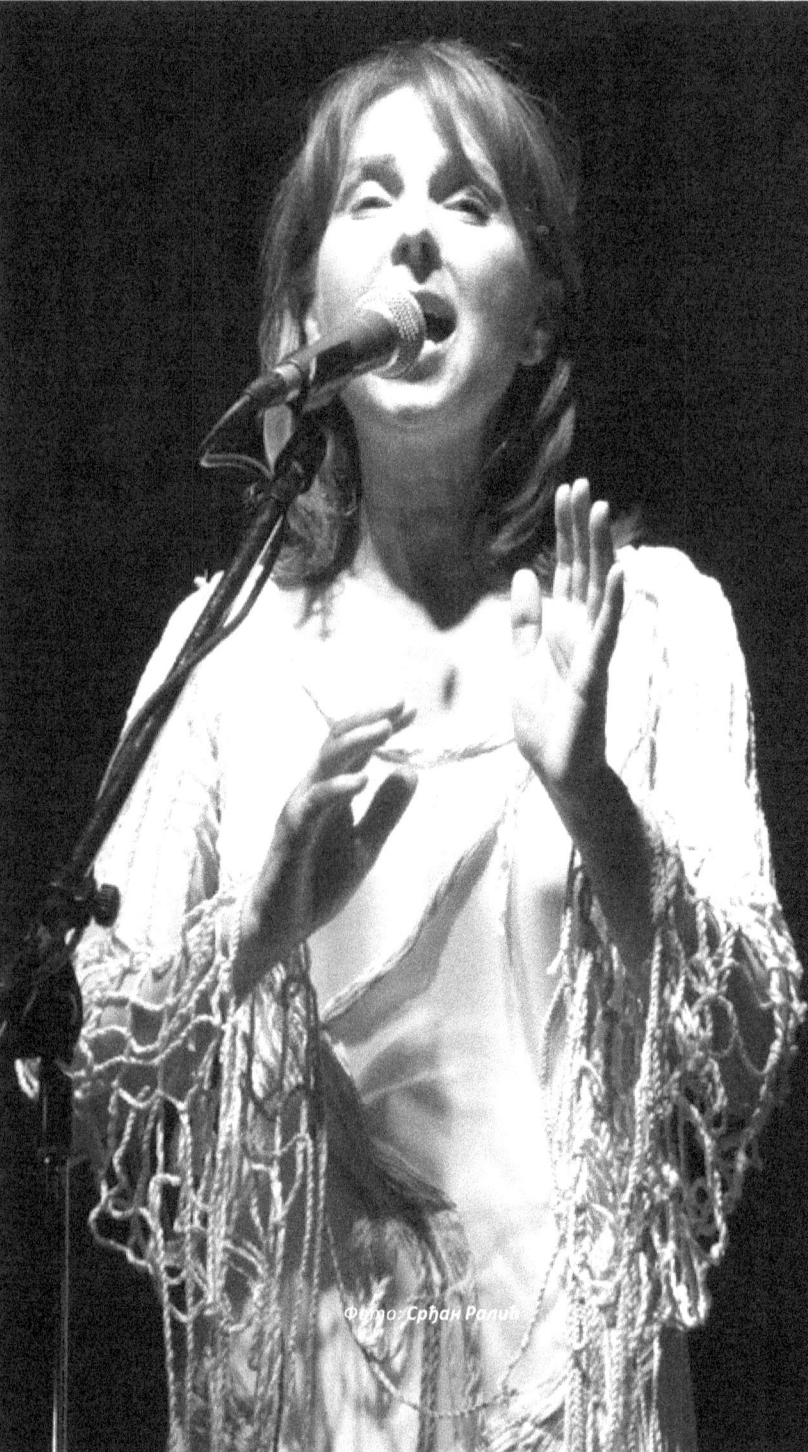

Фото: Срђан Ралић

КАЛАЈЏИЈСКО КОЛО

Арр. Биља Крстић

(Македонија)

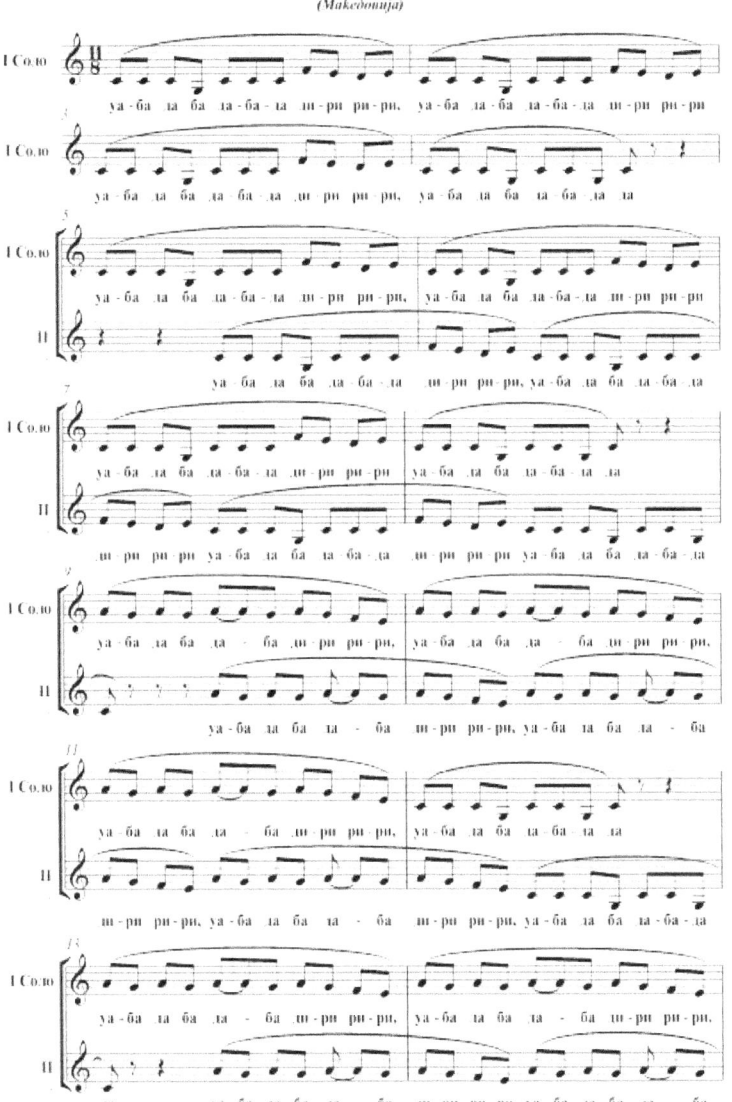

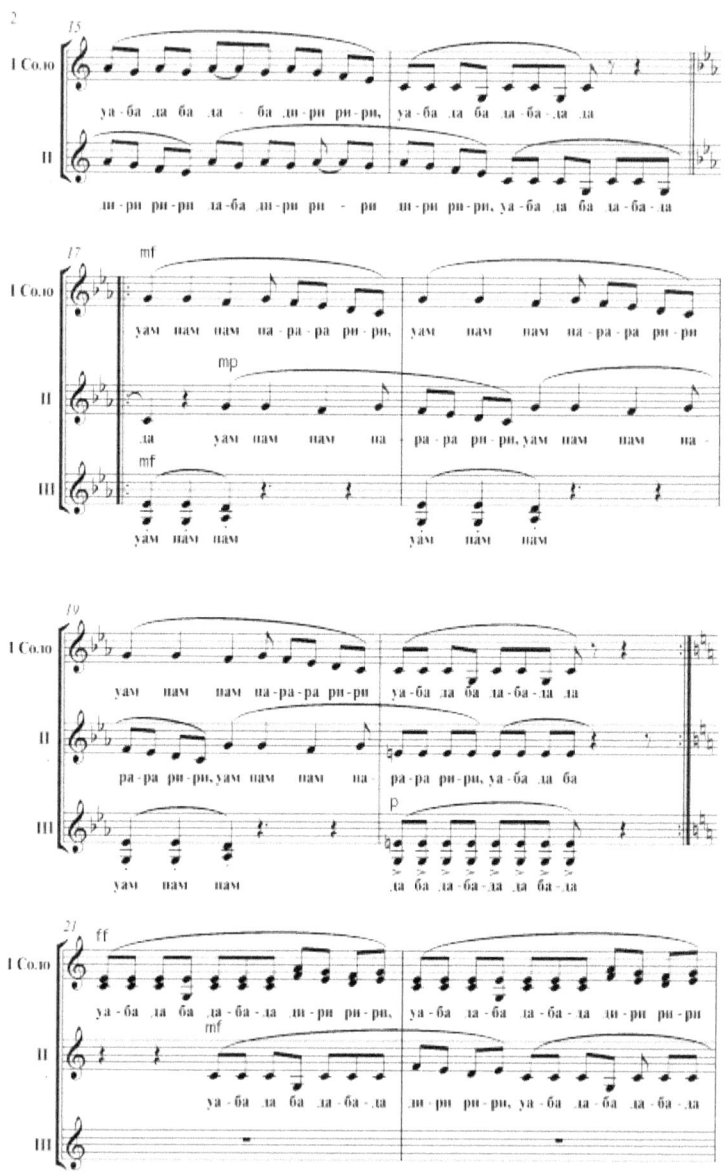

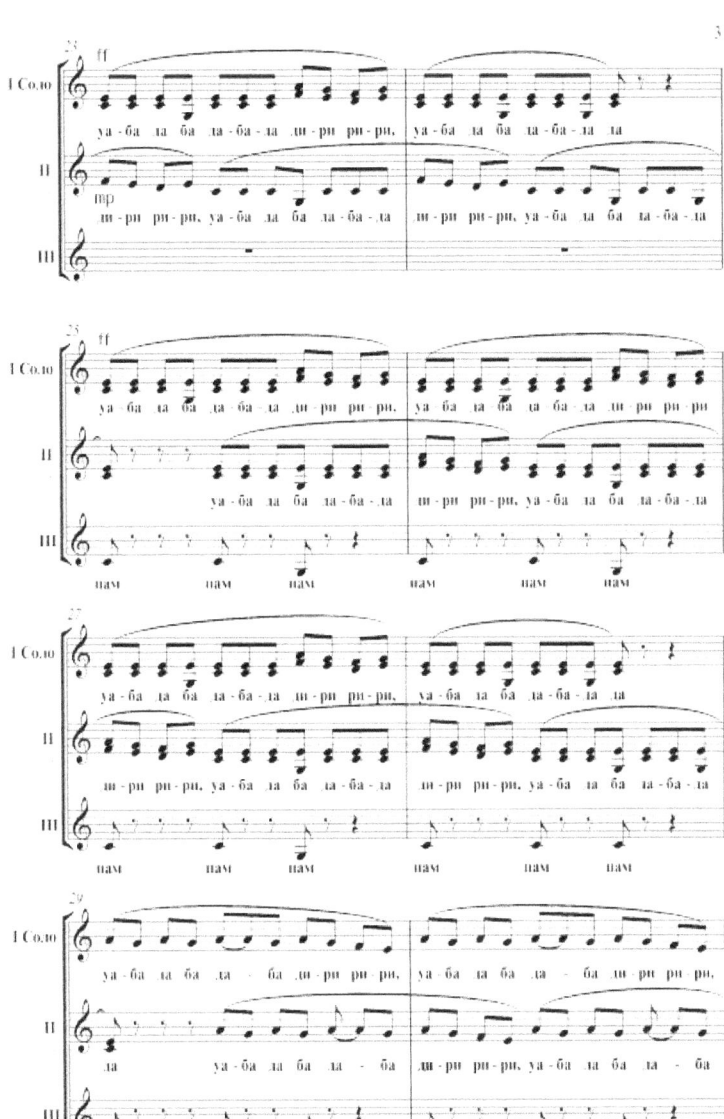

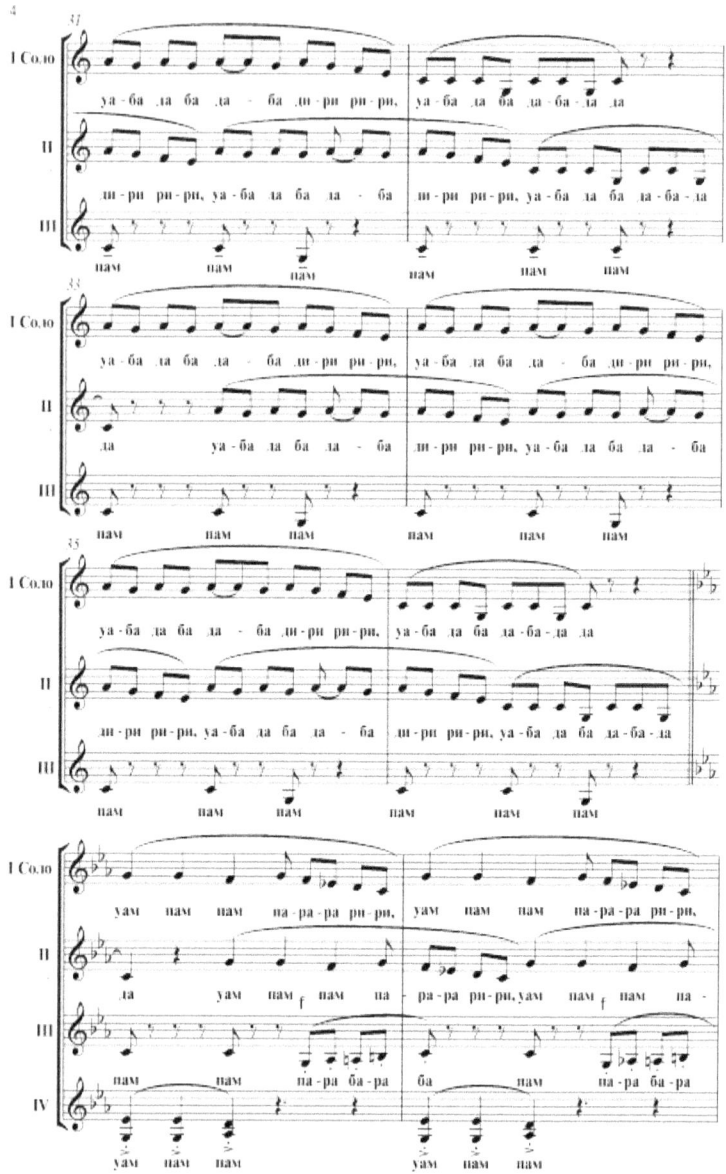

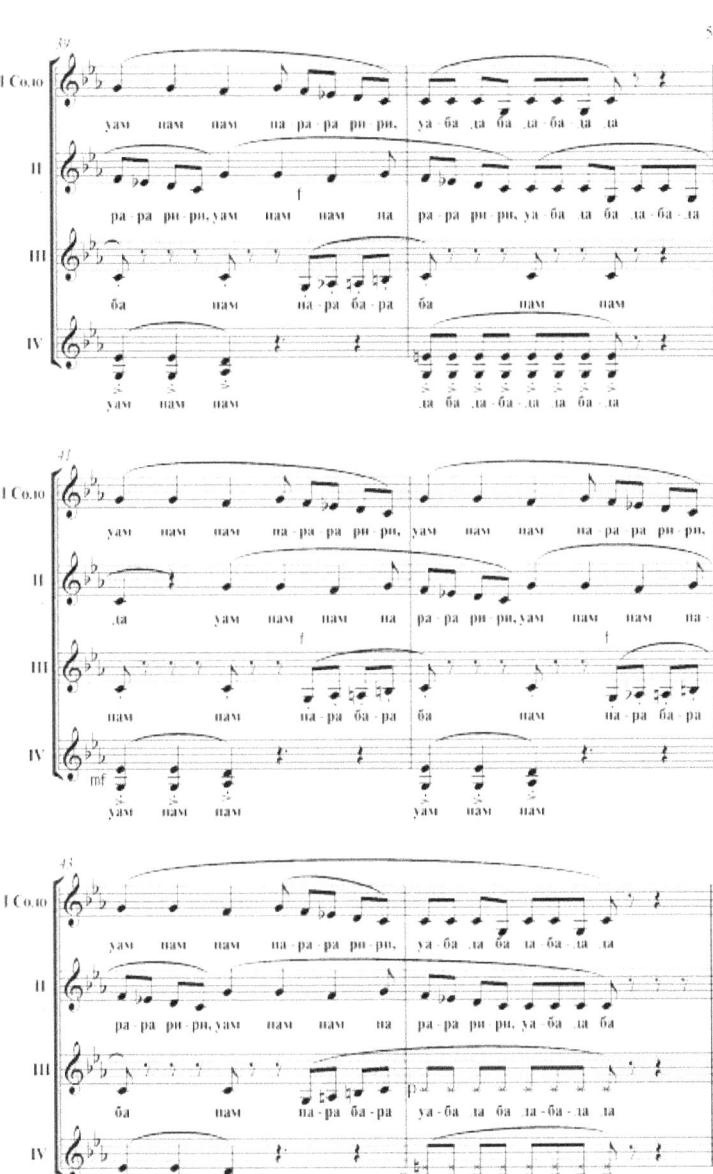

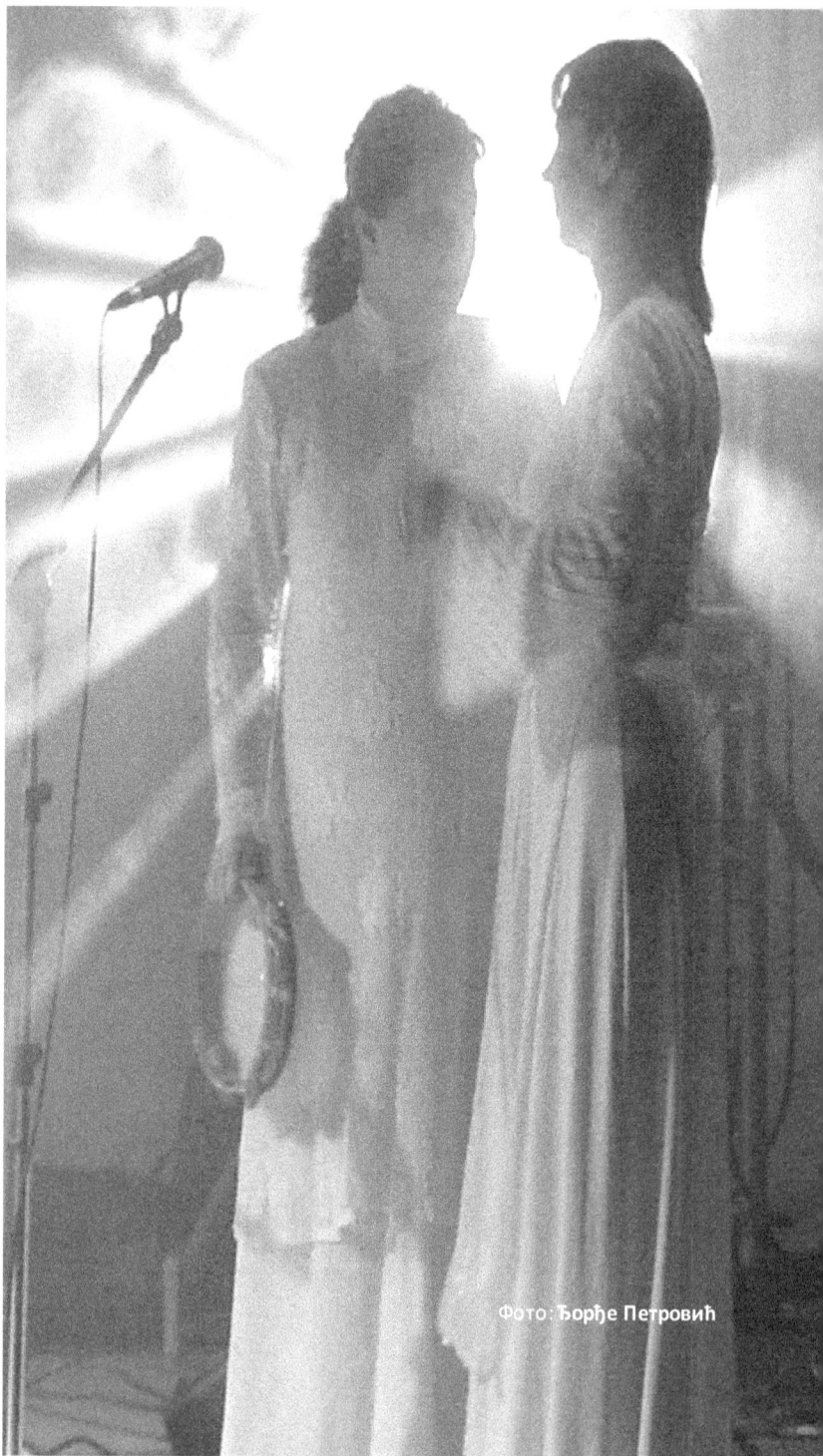

Фото: Ђорђе Петровић

КАЛАЈЏИЈСКО КОЛО
(трад. Македонија)

Tinsmith's dance (*Kalajdzijsko kolo*)
(trad. Macedonian dance)

Коло
(Ружа Рудић)

Коло је народна игра и саставни је део музичке традиције Србије. У прошлости је било заступљено у свим крајевима наше земље и представљало је најраспрострањенији облик музичке праксе. То је јужнословенска групна народна игра по кругу са певањем и инструменталном пратњом.

По први пут код нас, а вероватно и у свету, коло је обрађено на јединствен начин, без инструменталне пратње. Мелодија се, као непрекидна линија, преплиће кроз различите вокалне боје у хармонијама, кроз имитације, (трогласни канон), изводи се на неутрални слог у којем сваки глас има важност оног првог и даје специфични ритам. Коло такође краси и звучна шароликост. Обрада је комплексна и захтевна за извођаче.

Калајџијско коло, инструментална мелодија - у нашем примеру је вокална игра у 11 осмина на коју је примењена контрапунтска обрада. То је инструментална тема у певаној форми. Имитација је тачна реплика ритма и интервала, чиме се звучно добија круг састављен од три фразе.

Солиста или *dux* одређује ритам и по завршетку прве фразе – укључује се пратећи глас *comes*.

Од 16. века, када је канон употребљен за опис музичке форме, није познат пример канона у мешовитом ритму (2+2+3+2+2).

"*Калајџијско коло*" - једноставан канон или "круг", у којем је имитација у прими и октави, постала је загонетка за музичке критичаре, аналитичаре и професионалне музичаре, чак и за оне којима је мешовити ритам близак.

Kolo
(Ruža Rudić)

Kolo is a part of the musical tradition of Serbia and a group dance in the South Slavic region. In the past, it used to be the most common form of music and the most famous dance in the Balkans.

This kind of an arrangement of the "kolo" is unique and represents a sublimate of our traditional instrumental and vocal practice and the rules of European music.

The *"kolo"*, which is usually danced in a semi-cirde or a full circle, is led by the best dancer. The rhythm of the "kolo" was dictated by the musician (later musicians), it can also be accompanied by group singing.

"Kalajdzijsko kolo", an instrumental melody, in the way we do it, is a vocal "play" in the 11/8 metre which has undergone a counterpoint adaptation. It is an instrumental theme in a vocal manner. The imitation is an exact replica of the rhythm and intervals which creates a circle with three phrases. The solo singer or *dux* defines the rhythm. At the end of the first phrase, it is joined by an accompanying voice, *comes.*

Since the 16th century when the canon was used to describe a musical form, there is no other known example of a canon with a mixed rhythm (2+2+3+2+2).

"Kalajdžijsko kolo " - a simple canon or "circle" in which the imitation in prima and octave, has become a riddle for music critics, analysts and professional musicians, even those who are familiar with a "mixed" style.

РАСЛА ДУЊА И ЈАБУКА
(Србија)

Расла дуња и јабука.
Дуња баца мирис на све стране,
а јабука гране у висине.
Не чудим се дуње и јабуке,
бећ се чудим милом, драгом
што се на ме наљутио.
Ако сам га погледала,
нисам срцем севдисала.
Моје срце сваког не севдише,
већ севдише јединца у мајке.

РАСЛА ДУЊА И ЈАБУКА

(Источна Србија)

Димитрије Микан Обрадовић

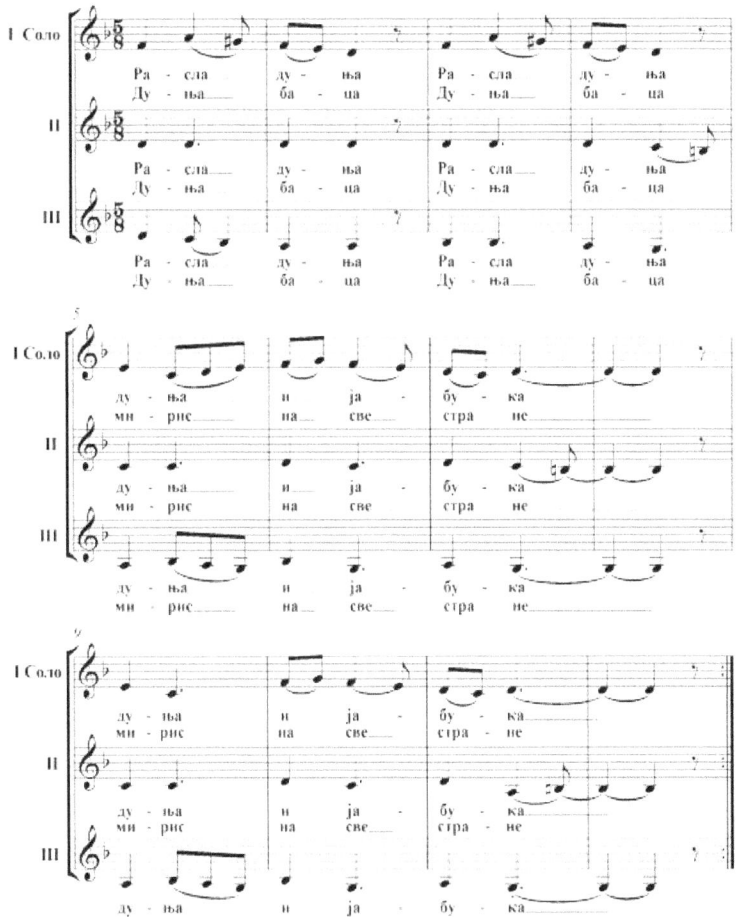

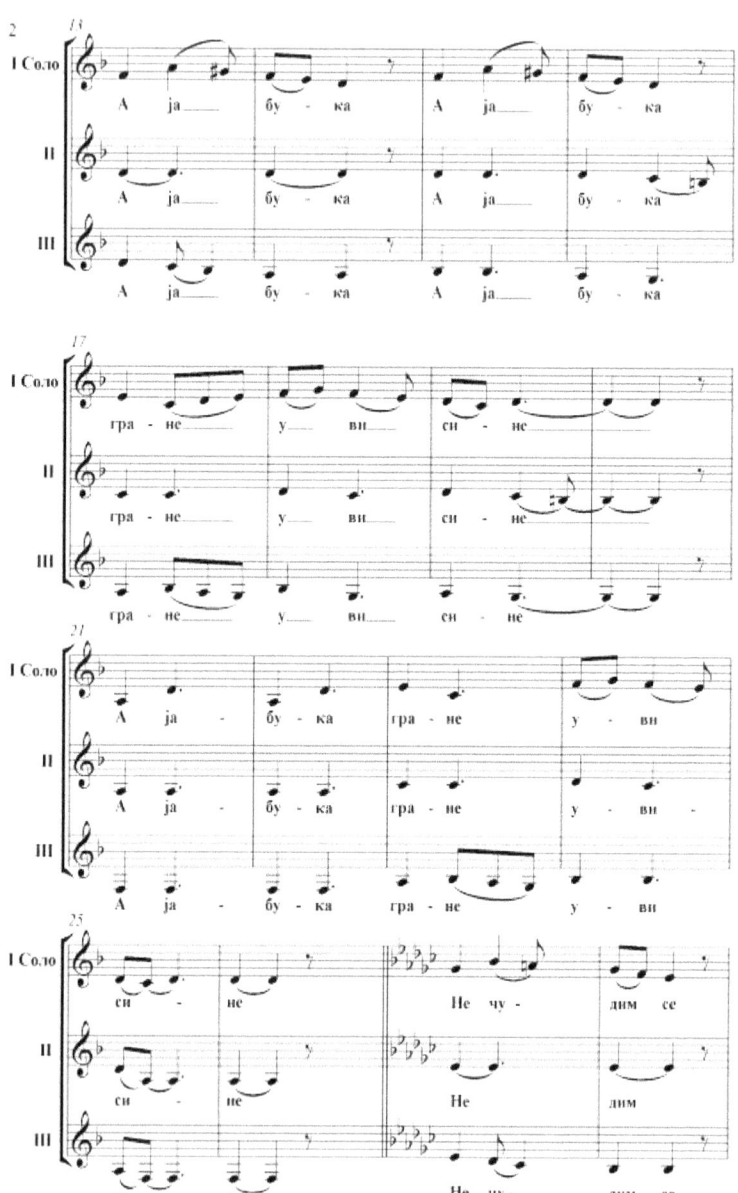

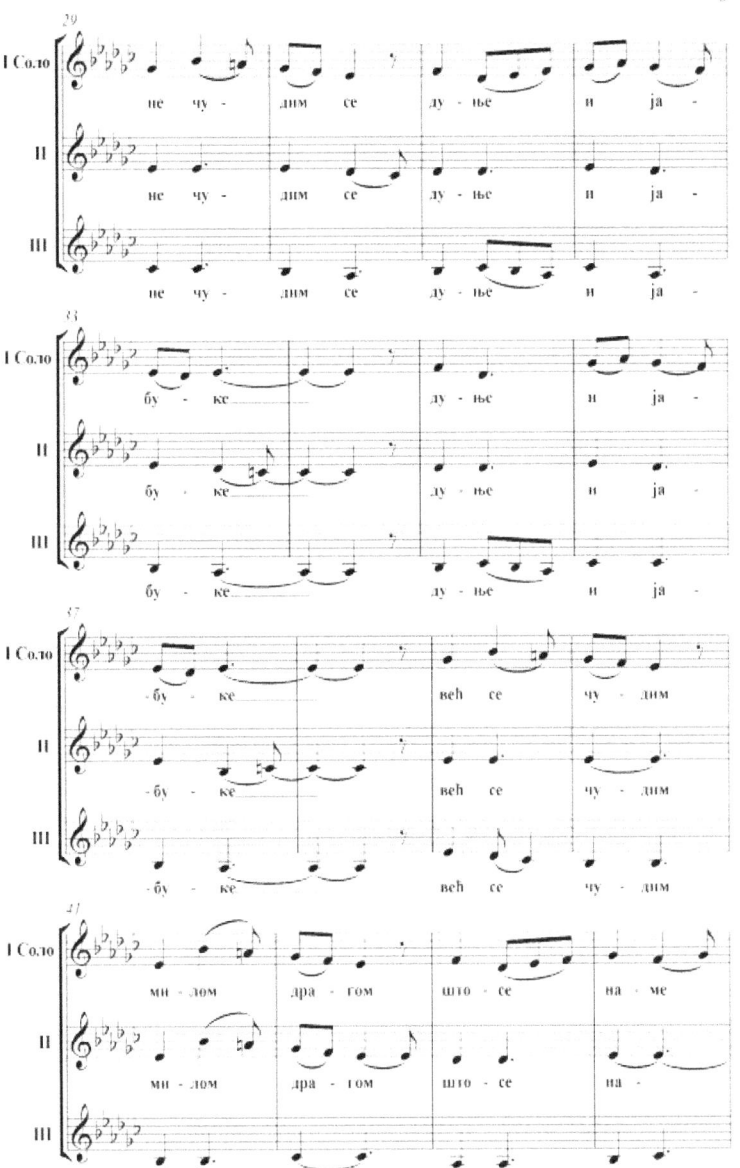

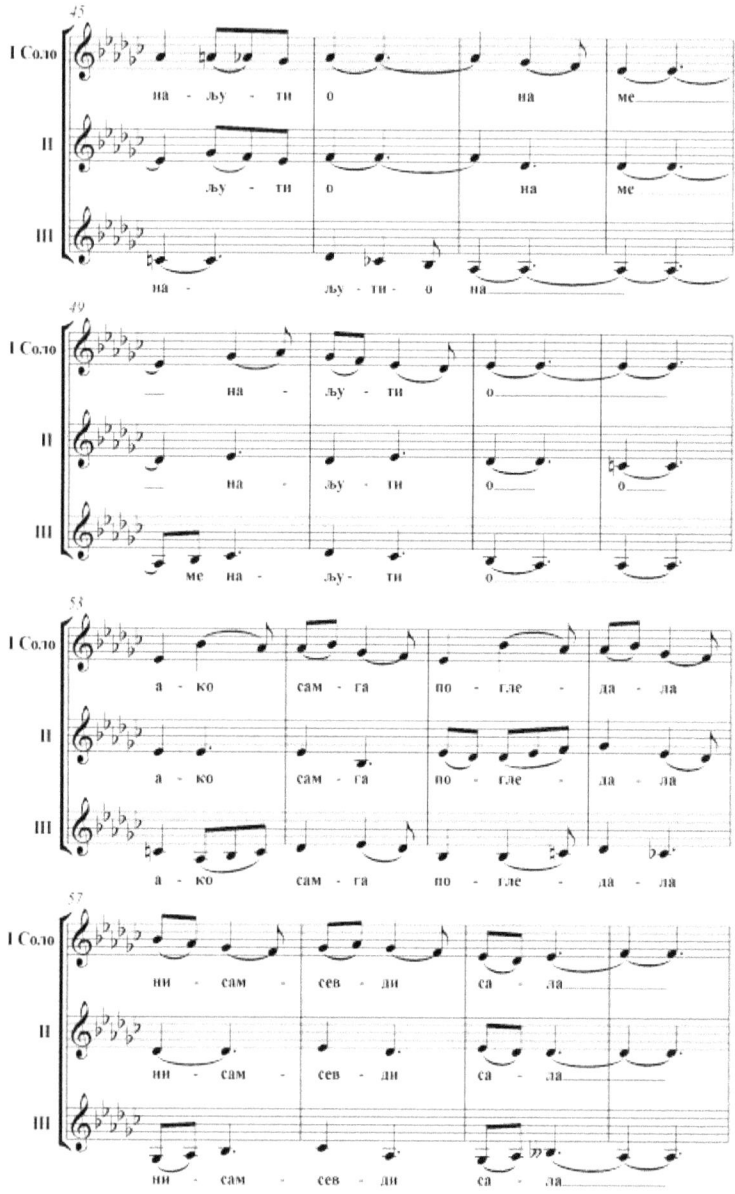

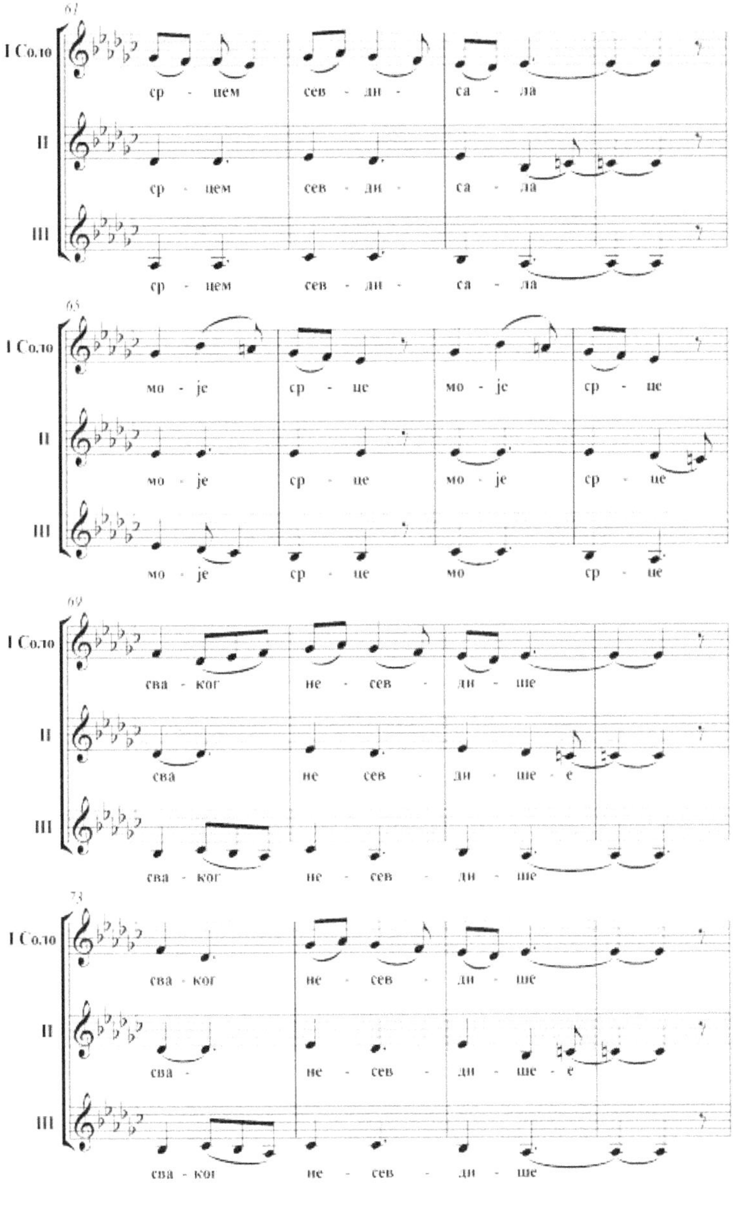

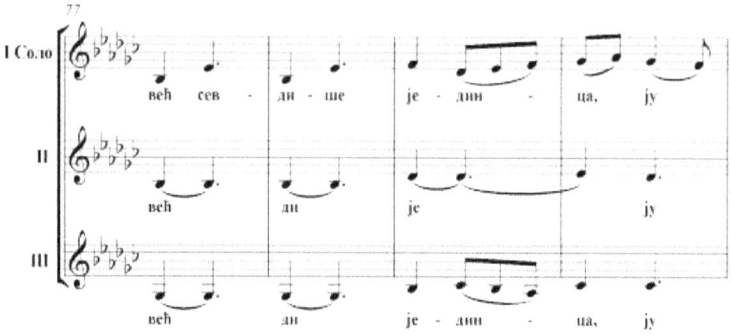
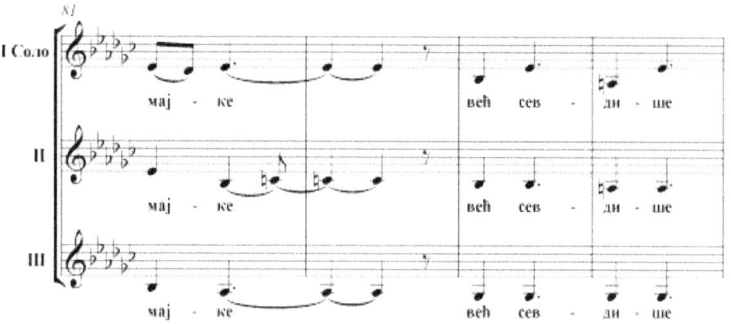
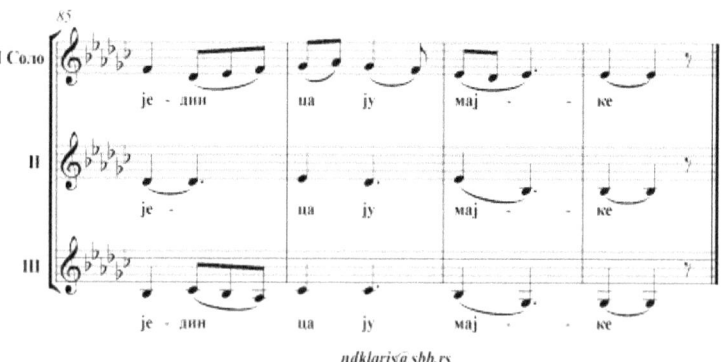

ndklari∫a.sbb.rs

Како сам поново пропевала
(Ружа Рудић)

Током студија на Музичкој академији, обожавала сам *солфеђо*. Све што сам радила, морала сам да отпевам или одзвиждим! А истински, на сцени, певала сам у женском академском хору "Collegium musicum". Певала сам од малена. Сестре су свирале праве инструменте: клавир, хармонику, кларинет а мени су остали шерпе и лонци, стручно речено, *ритам-секција*. Као необична распевана фамилија, доспели смо до емисије "Микрофон је ваш" Радио Београда.

Имала сам једанаест, кад у нашу кућу на Палићу дошао Димитрије Микан Обрадовић са екипом Радио Београда. Потпуно ме је опчинио! И што је било још лепше, знао је све песме које сам и ја певала!

Пргавог, али веселог галамџију, ужурбаног Чика- Микана који је увек нешто певушио поново сам срела у Радио Београду. И стално је говорио како ће написати "ово-оно" само да нађе "ко ће то да отпева"!

Све чешће сам се сударала са Биљом, прво у *Фонотеци*, потом у редакцији Првог програма Радија, па у студију на реализацији заједничких емисија. Али највише смо заједно радиле у радијској фонотеци, ја на припреми емисија, а Биља ... Е, она је стално нешто преслушавала. И тако данима, месецима, годинама! Бирала је и одвајала песме за своју душу.

А како сам се ја поново "умешала" у певање? Једне вечери, по мраку, пратила сам Биљу у неки мали студио на Новом Београду, само да отпева

"Поле...". Уђе Биља, стави слушалице и поче да пева! Микан и Љуба Нинковић слушају, Бранко Исаковић снима, ја у углу - ћутим. Кад је Биља снимила соло-деоницу, све по нотама, онако како је Микан написао, окрете се аутор ка мени и рече: "'Ајде сад ти мала, откини оно: *излези*! Ево ти ноте!" Помислих, Боже, шта ме снађе! И тако је почело!

У потрази за трећим гласом, дођосмо до једне "мале" са етномузикологије. Каква "мала"! Виша од обе за главу. Ал' ћутљива, мирна, рекла бих - успорена. Запева своје, па узе инкриминисане ноте и опали по деоници трећег гласа! Без по' муке!

И кренуше пробе. Читање сваког гласа, спајање, усаглашавање боја!

Данас се изврсно разумемо, свака од нас може да пева било коју линију, у зависности од распона. После тако дугог рада, све то изгледа као игра и звучи сасвим лако. Али, пробајте. Вежбе из *солфеђа* са почетка приче, су "мачји кашаљ" у односу на ове вишегласне вратоломије. При том, Микан би највише волео да ми научимо *циркуларно* дисање, како нигде не бисмо морале да узимамо ваздух. И потпуно је у праву. Заиста је лепо кад се песма пева на један дах, када "тече" као вода са извора, као река поред које "офарче овце пасаше".

My "singing come-back"

(Ruža Rudić)

During my studies at the Music Academy, I loved *solfeggio*. Everything I did, I had to sing or whistle! On the stage, I sang in the women's academic choir "Collegium Musicum". I was singing from an early age. My sisters played real instruments like piano, accordion, clarinet and all that was left for me were pots and pans, professionally speaking - the rhythm section. We were unusual, singing family and finaly we reached to the show "The microphone is yours" on Radio Belgrade.

I was eleven when Dimitrije Mikan Obradović came into our house on Palic lake, with his team from Radio Belgrade. I was completely mesmerized! And what was even better, he knew all the songs that I sing!

Grumpy, but bobbery cheerful, bustling Uncle Mikan who allways sung something, I met again at Radio Belgrade. And he kept saying he would write " this and that " only to find who will "... sing it!"

I often rencountered Bilja, first in the audio archive library, then in the office of the First program of Radio Belgrade, and in the studio producing joint programs. But mostly we worked together in radio music library. I prepared a couple of shows, and Bilja... Well, she's always listened to something. And it lasted for days, months, years ! She was chosing songs for her soul.

How was I again "interfered" in singing? One evening, after dark, I went with Bilja in a small studio in New Belgrade. She just had to sing "Pole...".

Bilja entered the studio, puted headphones and began to sing! Mikan and Ljuba Ninkovic listened, Branko Isaković recorded. Me, sitting in the corner - silent. When Bilja have recorded solos, all by the notes, as Mikan wrote, the author turned to me and said, "Come on now, you little, rip that "izlezi" part! Here's a note". I thought, my dear God, what do I stucked myself into! And so it began!

Looking for a third voice, we came across a "little one", a girl from cathedra of ethnomusicology. She was everything but "little"! Higher than both of us by the head. But silent, still, I'd say go slow, one. She sung her part, took the incriminating notes and fired a share of the third voice without bit of hassle!

So we went to trials. Reading of each voice, merging, harmonizing colors!

Today is pretty clear, each of us can sing any line, depending on the range. After such a long work, it looks like a game, and it sounds quite easy. But just try that. Solfeggio exercises at the beginning of the story, are a piece of cake compared to this Polyphonic stunts. At the same time, Mikan would most like us to learn circular breathing, so that we wouldn't have to take breath at any time. He absolutely has right. It's really great when a song is sung in one breath, with the "flow" like water from a wellspring, a river next to "*The shepherd was keeping sheep*." (*Ofčarče ovce pasaše*).

КОЧИЈА СЕ ЉУЉА (Кучийка тича)
(Бугарска)

Кучийка тича,
Пред драмулийка.
Ити бити, индири биндири би,
Шарена писана кучийка.

Че кой ми беше у кучийката,
Ити бити, индири биндири би,
Шарена писана кучийка.

Радка ми беше у кучийката,
Ити бити, индири биндири *би,*
Шарена писана кучийка.

Че кой ми караше кучийката,
Иван ми караше кучийката,
Ити бити, индири биндири би.

Кучийка се връща преобръща,
Иван се Радка прегръща,
Шарена писана кучийка.

КОЧИЈА СЕ ЉУЉА

КУЧИКА ТИЧА

(Бугарска)

К. Котов

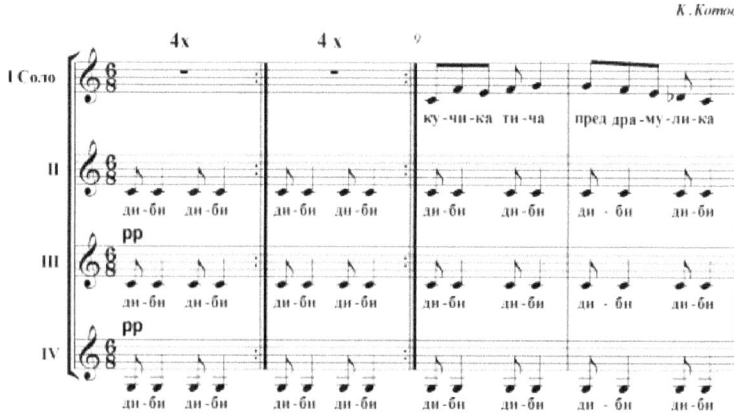

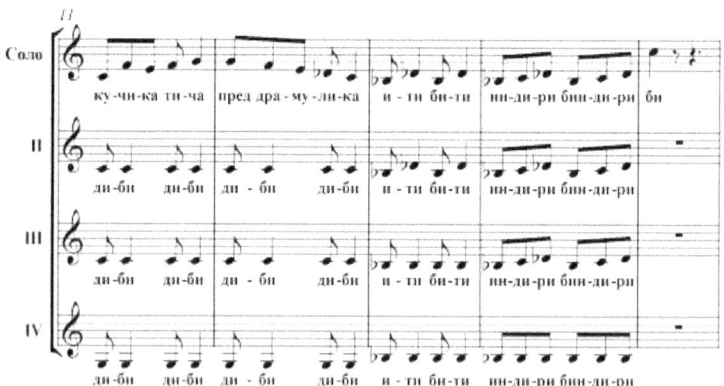

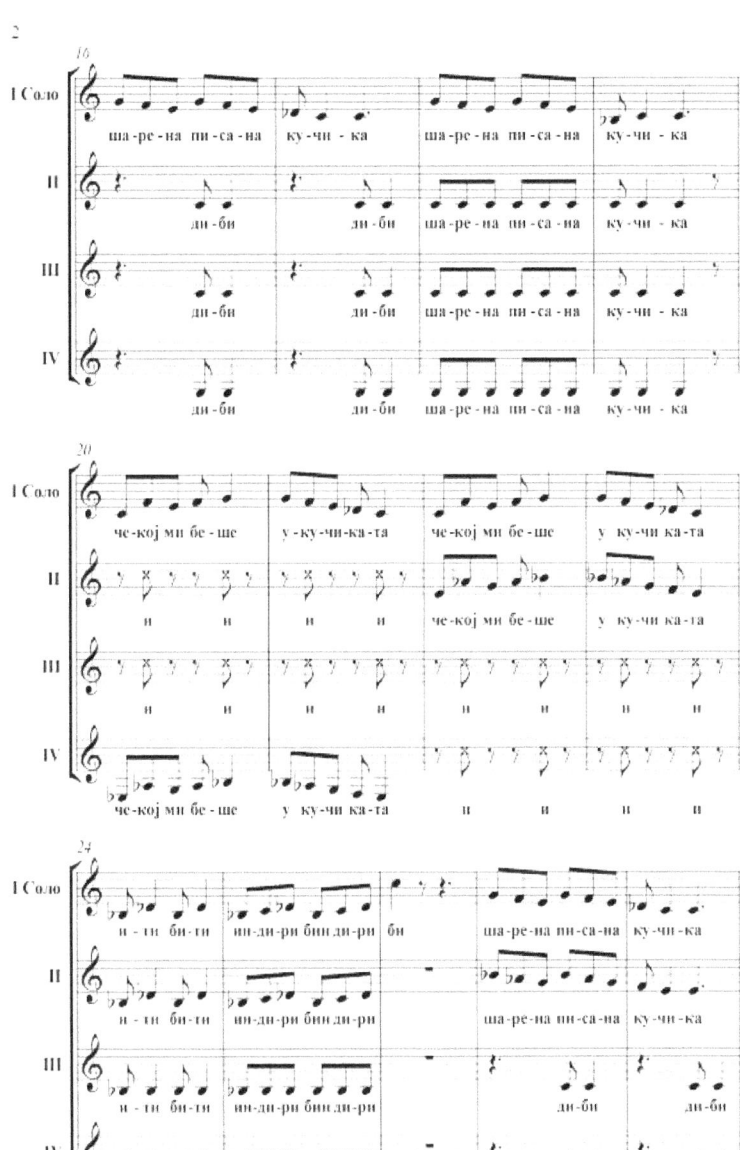

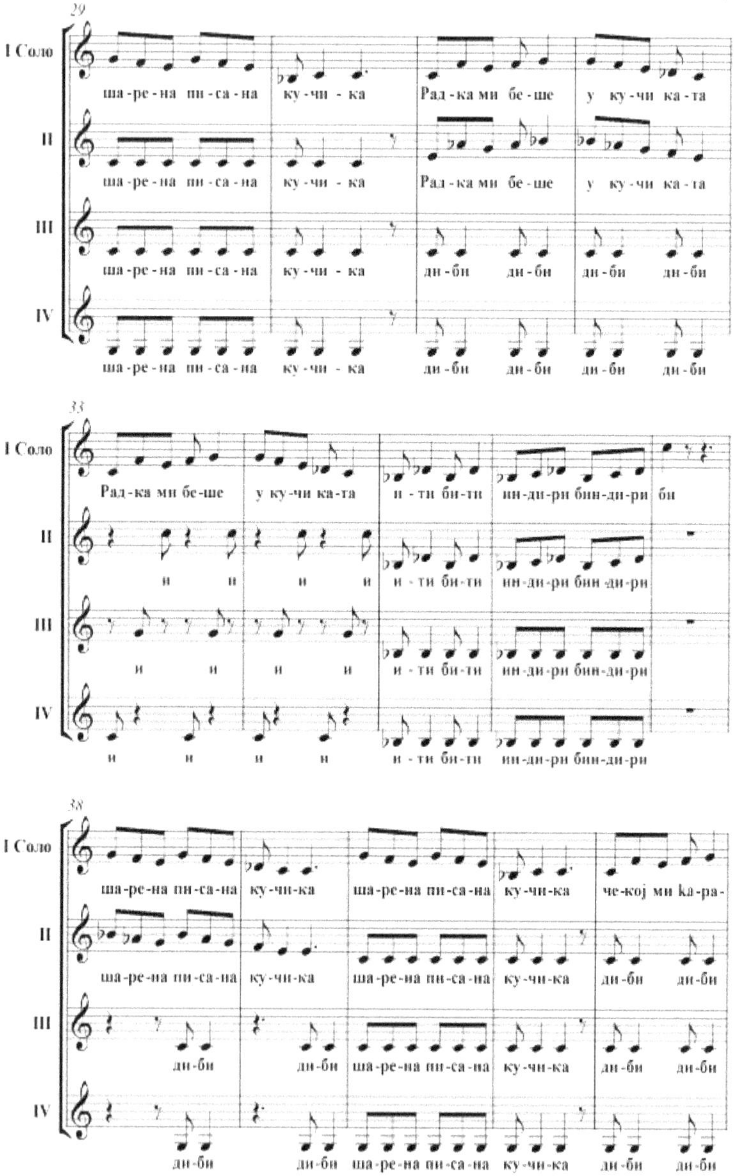

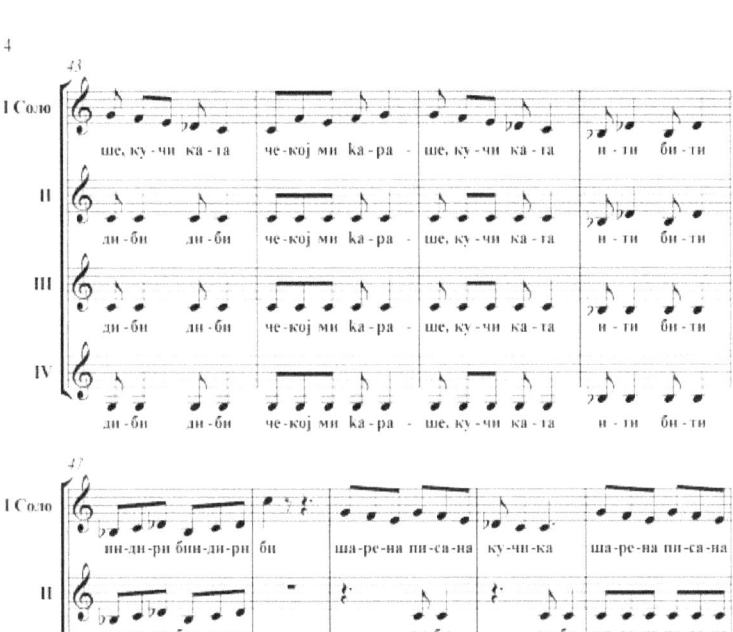
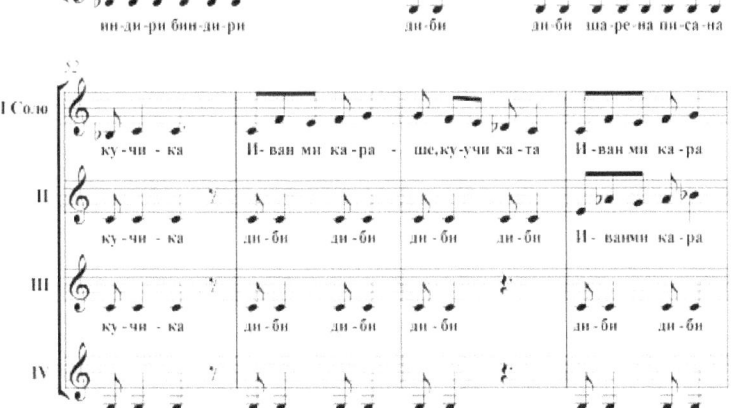

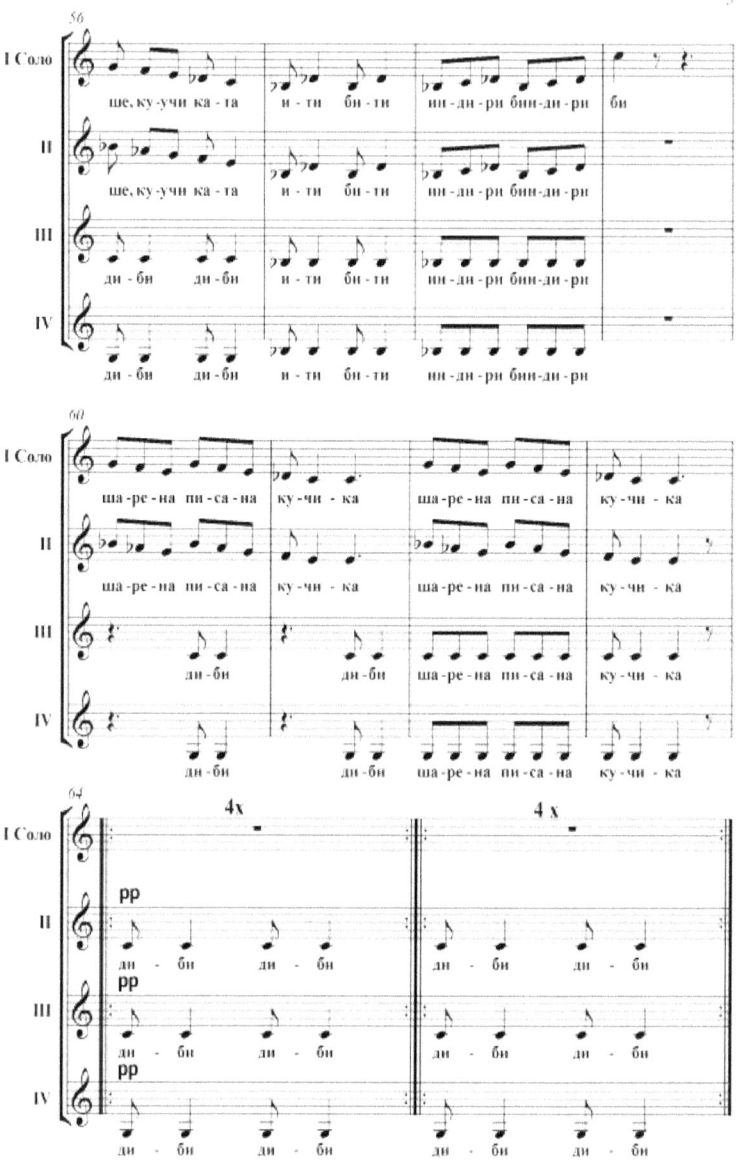

Зашто a cappella?
(Мики Станојевић)

Када сам први пут чуо песму "Шта се оно зелени", застао сам на пола корака, заправо, све око мене је стало! Мелодија, вероватно већ генетски кодирана у свакоме од нас, анђеоски глас, мајсторски вођена полифонија одмах су ме, попут реке, понели у неку другу, контемплативну сферу. Слушао сам је као што се слуша молитва, потпуно предано и посвећено. Већ тада, те 2001. знао сам да ћемо једном урадити *a cappella*-диск, ма колико било тешко. Али, у том тренутку нисам могао ни да претпоставим колико тешко... Објављивање једног таквог албума за мене је постало императив, и мада нисам био директно умешан у сам чин стварања, доживео сам га као своје чедо!

Тек после "Тарпоша" 2007. године стекли су се услови: Биља је прикупила песме, аранжмани су расписани и кренуле су дуготрајне пробе, преиспитивања и дорађивања. Жеља нам је била да за јубилеј, десет година *Бистрика* 2011. године, објавимо и изненадимо нашу публику са једним *акапела* албумом. Зашто? Па зато што *Бистрик* увек пружа нешто ново и никада се не понавља! Традицију код нас до сада нико није обрађивао полифоно, ово је први пут. Морали смо пажљиво да водимо рачуна о свему. Тежак посао!

Паралелно са тим, готово још тежи: како обезбедити средства, како пронаћи спонзоре за нешто што није за данашње услове атрактивно, није комерцијално, захтева културу слушања и руку на срце за већину публике неинтересантно, јер је ово ипак време "Великог брата" и "Фарме".

Следи обијање многих прагова, небројено пута испричане исте приче, убеђивања и објашњавања. Људи једва да и наслућују шта значи *a cappella*, а ми објављујемо *a cappella*-албум. Они који знају, гледали су нас чудно и говорили "Свака Вам част. Баш сте храбри!" А они други, "Како да не знам шта је *a cappella*, па то је оно без музике!" Е, па напротив, са највише музике! Јер, ако је тежња сваког музичког инструмента да опонаша људски глас, да што више заличи на њега, онда је овај албум отпеван односно "одсвиран" на најлепшим инструментима - људским гласовима и то само женским: Биља Крстић, Ружа Рудић, Маја Клисински, Наташа Михаљинац, Невенка Радонић и Наташа Симић.

Данас у свету *a cappella* извођења заузимају високе позиције у поп-култури, а објављивање таквих албума изазива велику пажњу публике и стручње јавности. Нажалост, код нас није тако.

И да се вратим на почетак, тај искрени осећај заустављеног времена који сам имао од првог тренутка, проширен је и осећајем задовољства када узмем готов диск у руке. Мислим да смо урадили велики посао, јер: Традиција је наша историја, не дајмо да се заборави!

Why a cappella?
(Miki Stanojević)

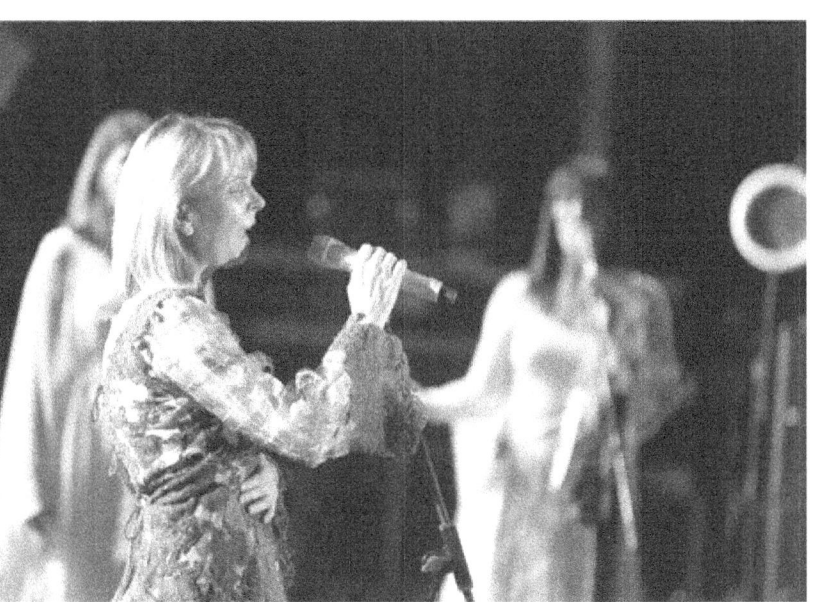

When I first heard the song " What is that green over there," (*Šta se ono zeleni*) I stopped in mid-stride. In fact, all arround me stopped! The melody, probably already genetically encoded in each one of us, angelic voice, masterfully guided polyphony took me immediately, like a river, to another, contemplative realm. I listened as I was listening a prayer, totally committed and devoted. Even then, at 2001 I knew that one day we'll do an *a cappella* disc no matter what. But at that point I could't even imagine, how hard it will be... Publication of an album for me has become imperative, and although I was not directly involved in the act of creation, I experienced it as our child!

Only after album "Tarpoš" at 2007, the conditions have been met: Bilja collected songs, arrangements were requested and we launched the long-term trials, reviews and refinements. We wanted to publish an *a capella* album for the Jubilee ten years of "Bistrik" at the year 2011, and to surprise our audience. Why? Well, because "Bistrik" always provides something new and never repeat itself! Until now, nobody arranged traditional music polyphonically. This is the first time ever. We had to thoughtfully take care of everything. A hard work!

At the same time, we had even more difficult job - to provide resources, to find sponsors for something that isn't that attractive to current conditions. This album is not particularly commercial and requires certain culture of listening and frankly, it is uninteresting to most audiences, because now is the time of a "Big Brother show " and "The farm show"(low level reality shows on TV).

It meant walking from door to door, talking the same story endless number of times, convincing and explaining. People hardly even sense what it means *a cappella*, and we are publishing exactly that - *a cappella* album. Those who know would look upon us in wonder and say, "Well done. You guys are brave! Good luck, you're gonna need all of it". And the others would say, "Of course I know what *a cappella* means, that's that stuff without music!" Well, on the contrary, with the most music. Because, if the aspiration of any musical instrument is to imitate the human voice, to look like it as much as possible, then this album was sung or "played" on the most beautiful instruments -

the human voices, and only women voices of Biljana Krstić, Ruža Rudić, Maja Klisinski, Nataša Mihaljinac, Nevenka Radonić and Nataša Simić.

Today, in the world, *a cappella* performances are highly ranked in pop culture, and the release of such albums attracts attention of audience and of specialists. Unfortunately, in our coutry it isn't so.

Let me go back to the beginning. The true sense of timelessness that I had from the first moment, is extended with satisfaction and a sence of pleasure when I take finished disc in my hands. I think we did a great job because, we should remember: tradition is our history and we must not let it fall into oblivion!

АМАН, ВОДЕНИЧАРЕ
(Србија, Косово)

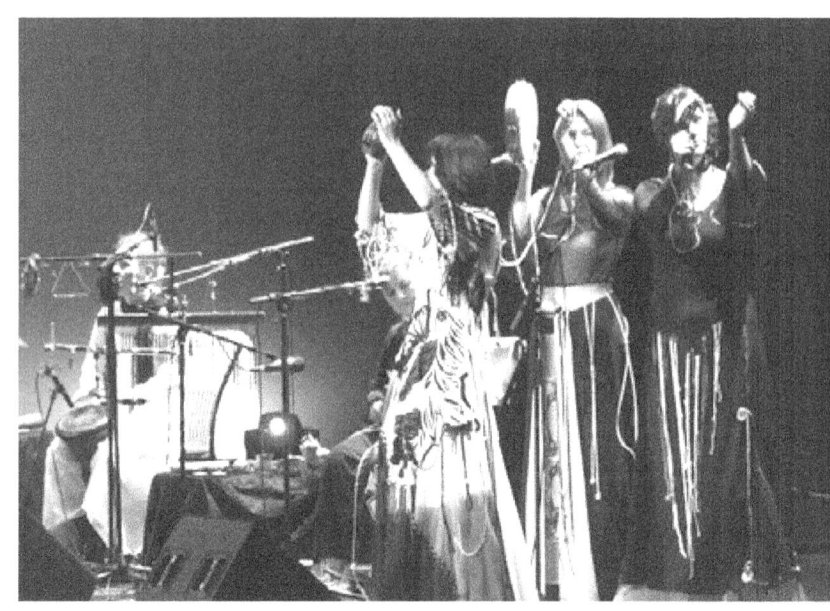

Аман, воденичаре,
стар пријателе,
сомелај де го житештето.

Невесто, *мори*, на промената,
воденица коло ми нема,
не ти го мелам.

АМАН ВОДЕНИЧАРЕ

(Србија, Косово)

Димитрије Микан Обрадовић

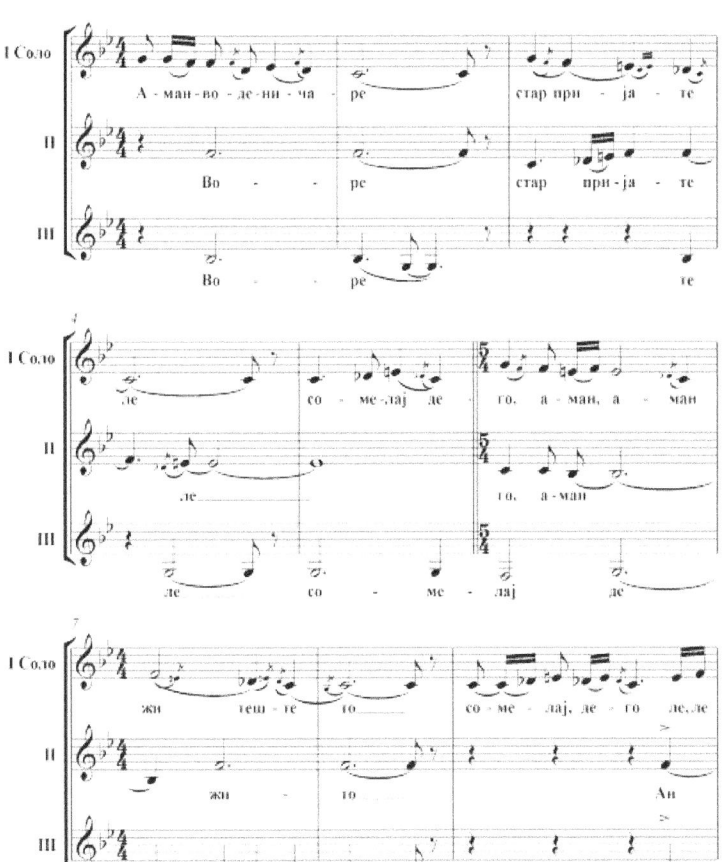

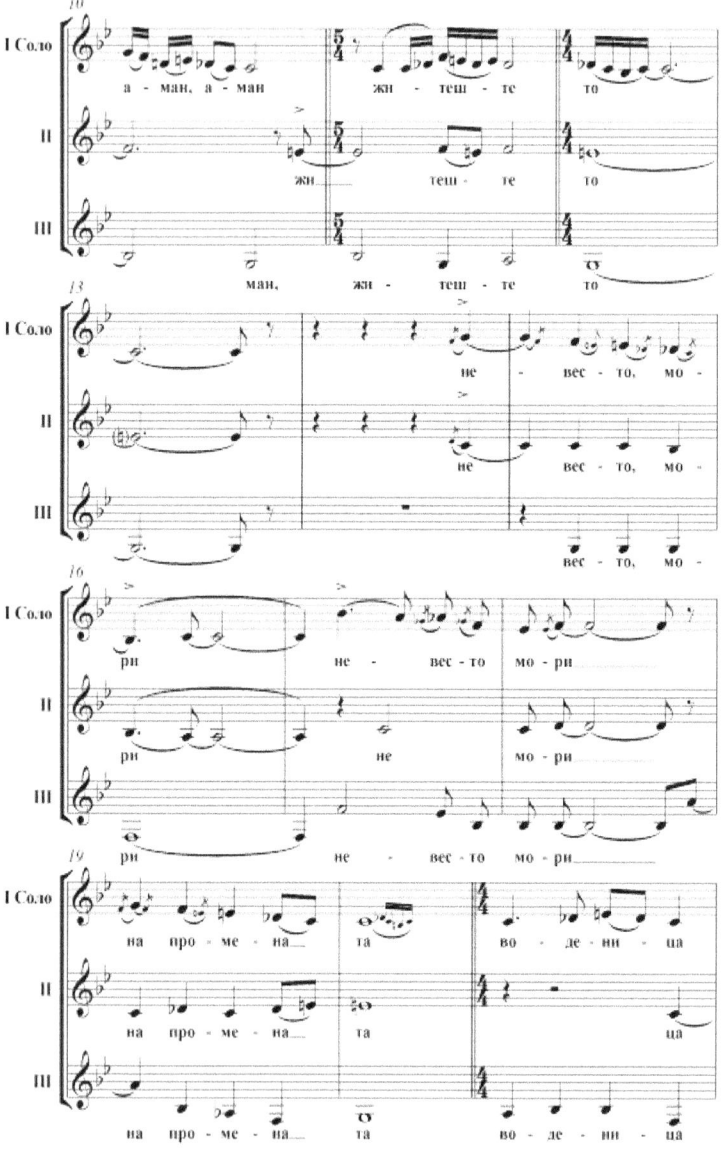

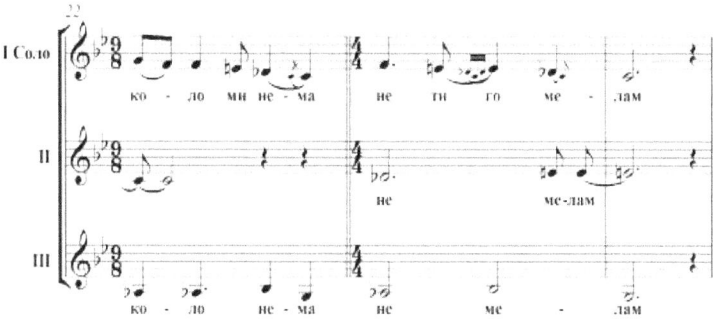
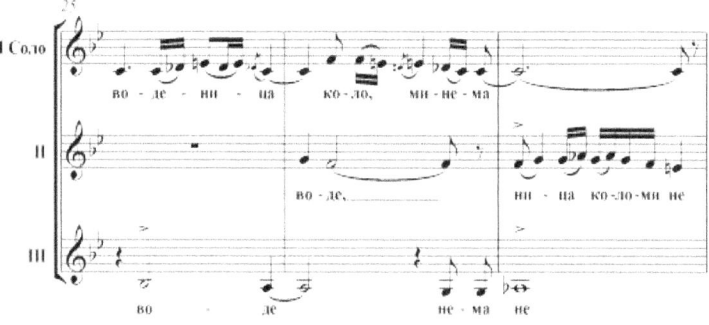
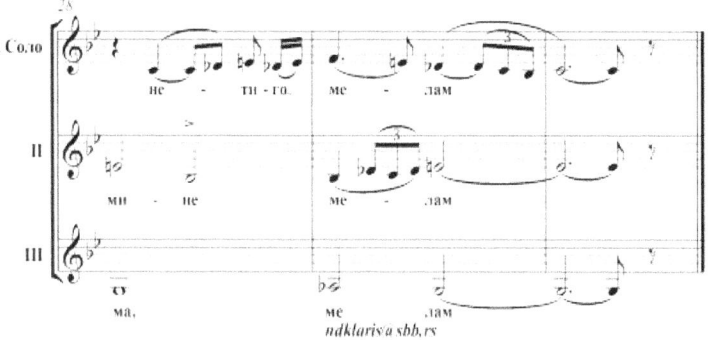

Bilja Krstić
Vocal traditions workshop
BISTRIK

Traditional music culture
and contemporary music trends

During the preparation and recording of the album "The Wellspring", I came up with the idea to introduce talented young singers with songs from The Source, the vocal collection. This kind of music collection will teach them to recognize the value of traditional music, and one day they may become carriers of rich folk heritage.

So, at 2012, I opened Traditional singing workshop – "Bistrik".

Биља Крстић
Радионица вокалне традиције
БИСТРИК

Традиционална музичка култура и савремени музички токови

Током припрема и за време снимања албума *Извориште*, дошла сам на идеју да талентоване младе певаче упознам са песмама из вокалне збирке *Извориште*. Овај својеврсни музички буквар научиће их да препознају вредности традиционалне музике, и да једног дана и они буду преносиоци богатог фолклорног наслеђа.

И тако сам 2012. године отворила Радионицу традиционалног певања *Бистрик*.

Радионица БИСТРИК

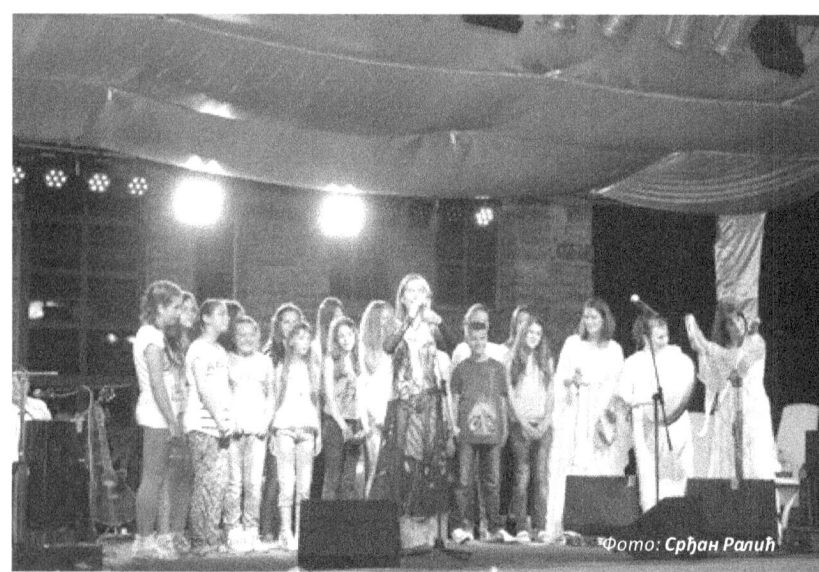

Фото: *Срђан Ралић*

Радионица *Бистрик* осмишљена је да на уметнички начин популарише традиционалну музичку културу Србије и пружи могућност талентованим певачима да заволе, науче и предају своје знање генерацијама које долазе.

Песме из плана и програма су вишегласне, сложене структуре, са богатом полифоном техником, примењене у уметничком обрађивању народне песме које се изводе у традиционалној вокалној техници.

Ово је један од начина прилагођавања трад. напева савременом музичком изразу, и оваквa уметнички приступ и рад са младима може служити културним потребама народа.

Workshop " BISTRIK"

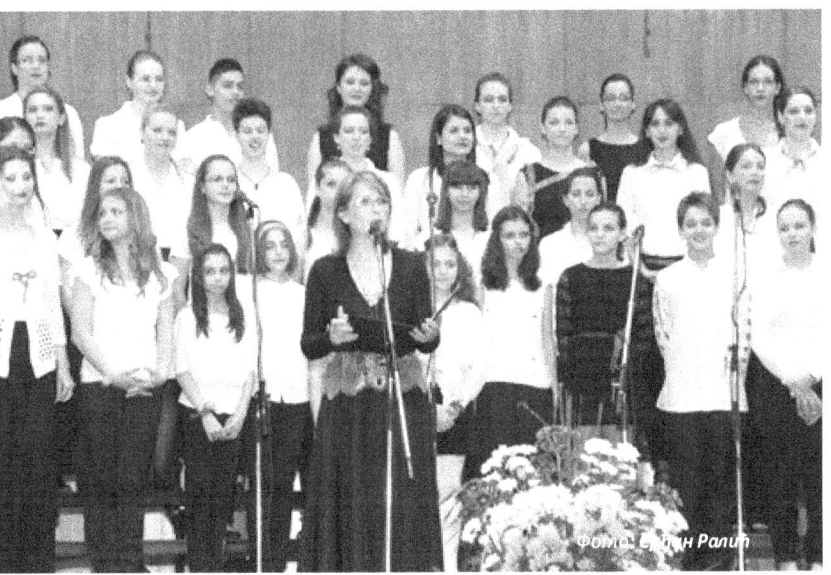

Workshop *Bistrik* is designed in an artistic way to popularize the traditional musical culture of Serbia and to give an opportunity for talented singers to love, to learn and to teach their knowledge to future generations.

Songs from the curriculum of "Bistrik" workshop are polyphonic, complex in structure, with rich polyphonic technique, applied in artistic processing of folk songs performed in the traditional vocal technique. This is one way of adapting traditional songs to contemporary musical expression, and this kind of artistic approach and work with young people can serve the cultural needs of the people.

У програму користимо:

Композиције еминентних српских етномузиколога које обједињују драгоцене нотне записе подручја у којем је традиционална музика готово нестала, а које је срединoм прошлог века у изворном облику забележио проф. етномузиколог Миодраг А. Васиљевић.

Теренске и архивске снимке.

Циљ Радионице је описмењавање и упознавање младих са вокалном традицијом, мелодијама обрађеним јединственим музичким језиком. Прва генерација је већ показала огромно поштовање и љубав према традицији. Уживам у њиховом таленту и способностима, добром слуху и лепом гласу.

Сигурна сам да ће многи од њих нашу вокалну заоставштину преносити новим генерацијама.

In the workshop we use:

Compositions of eminent Serbian ethnomusicologists releases of documents that incorporate precious notations in areas where traditional music is almost gone, recorded in original form arround the middle of the last century, by professor and ethnomusicologist Miodrag A. Vasiljević .

Field and archival footage.

The goal of *Bistrik* workshop is literacy and introducing young people to the vocal tradition, melodies processed in unique musical language. The first generation has already shown great respect and love for tradition. I enjoy their talent and skills, a good ear and a beautiful voices.

I am sure that many of them will carry our vocal legacy to new generations.

КАД САМ БИЛА ДЕВОЈАНА
(Србија, Косово)

Кад сам била девојана
од шеснаест лета,
мислила сам да ме нема
ни у пола света.

А када ме удадоше
младу и зелену,
оста ружа и каранфил
да за мене вену.

КАД САМ БИЛА ДЕВОЈАНА

(Србија, Косово)

Димитрије Макан Обрадовић

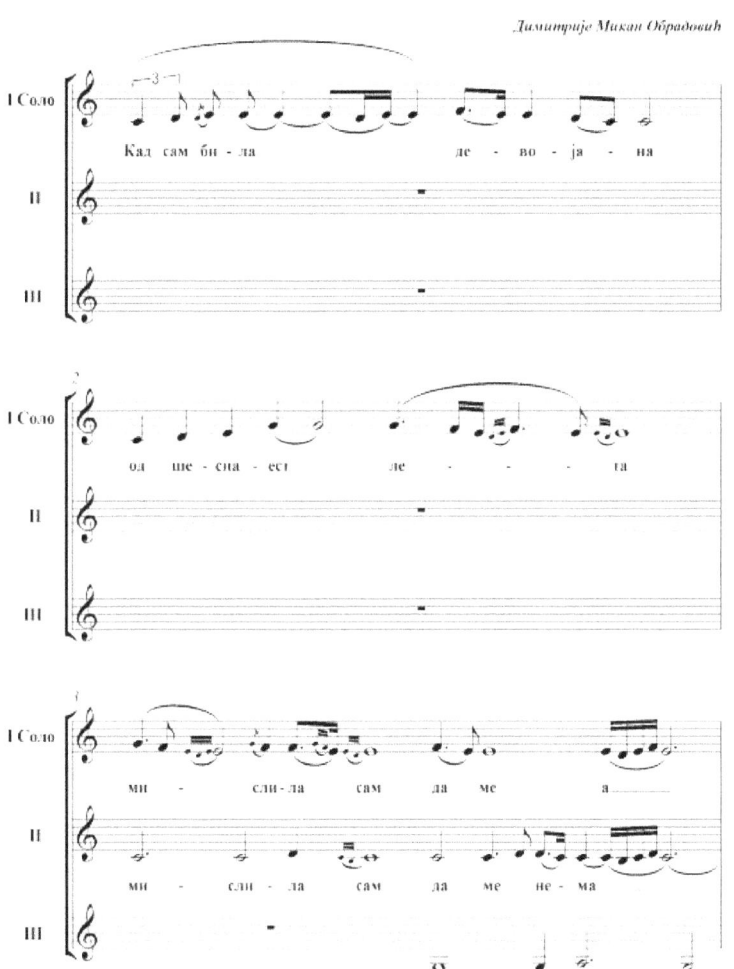

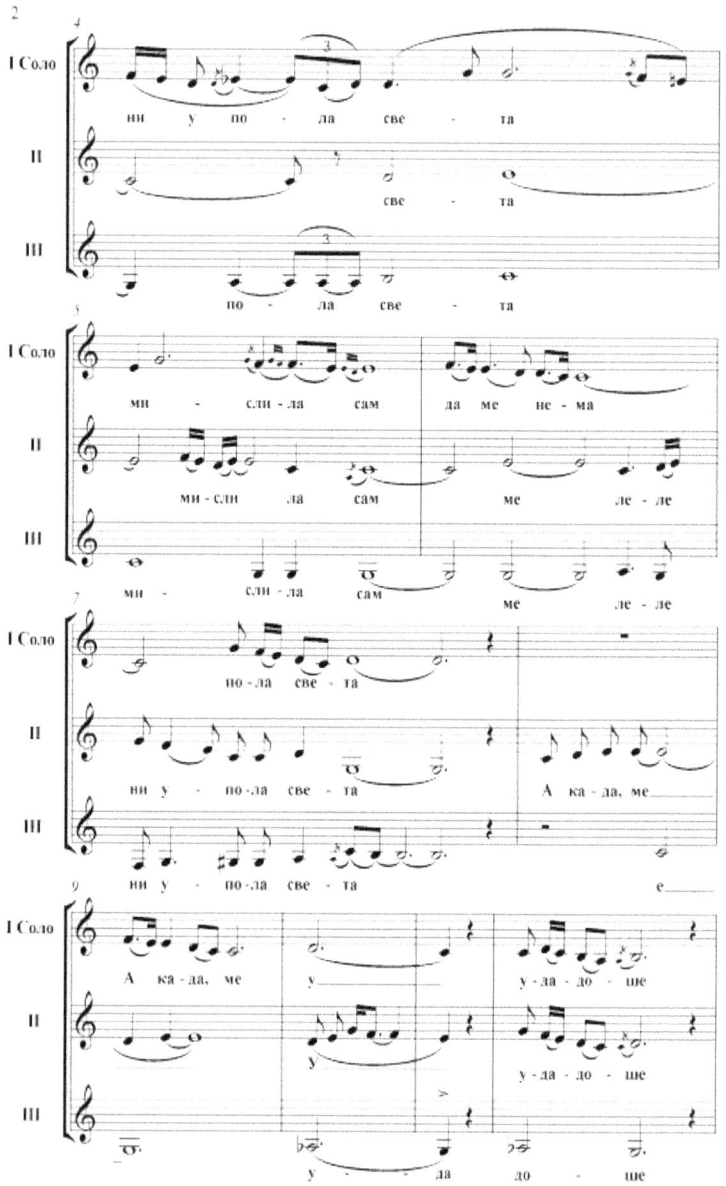

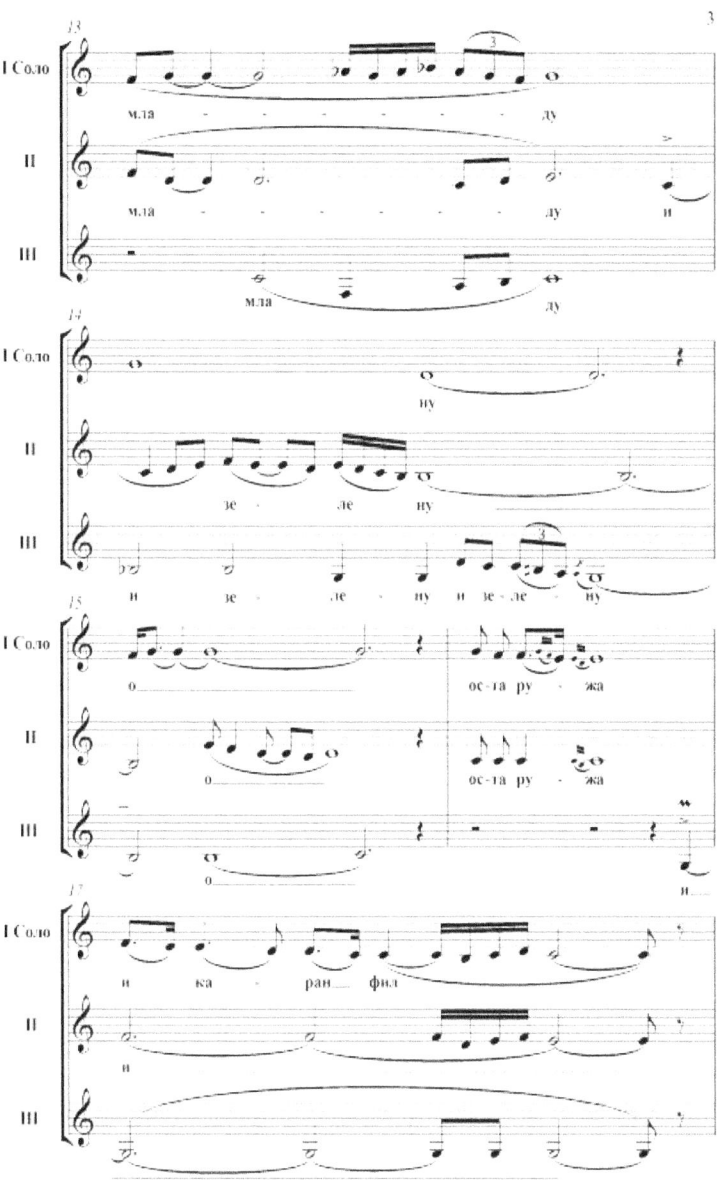

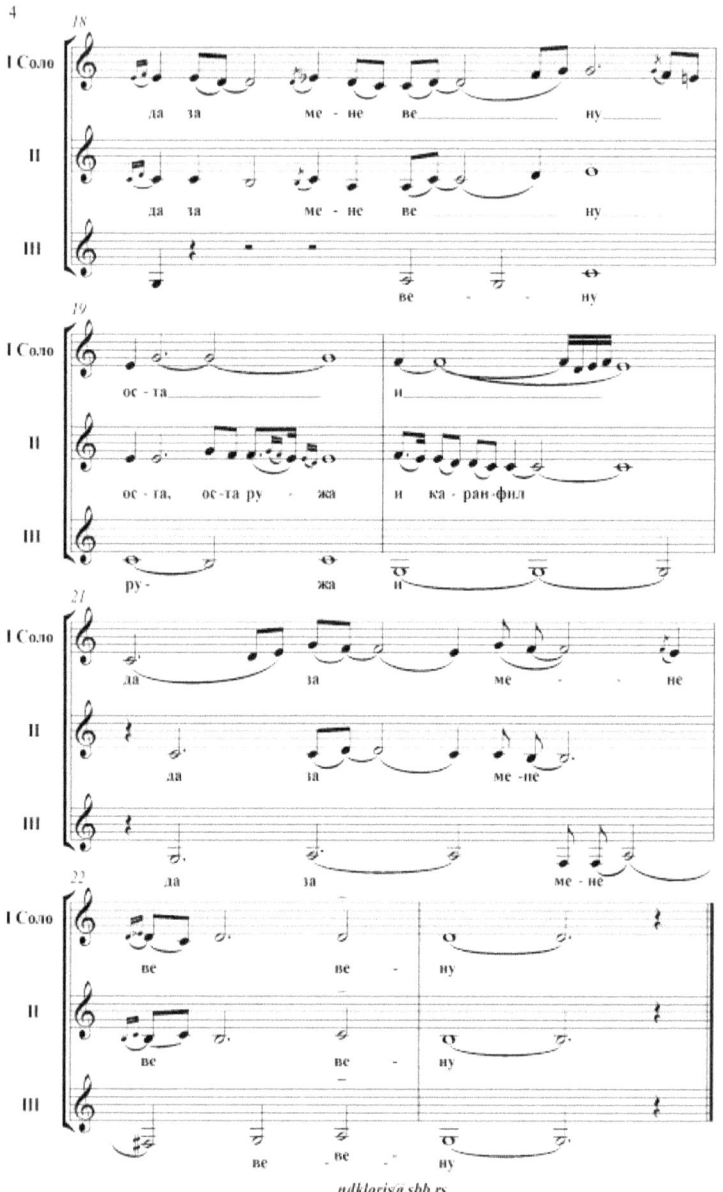

А шта каже чика-Микан?

Традиционална музика нашег поднебља допире до нас из далеке прошлости. Песме и игре које је непознати стваралац својим умећем унео у колективну свест народа преносиле су се вековима, до данашњих дана. Мелодије, и поред промена, носе у себи архаичне остатке тонских низова на којима су настале савремене фолклорне лествице. Метрика такође показује особеност, нарочито у играма, где доминирају непарни и мешовити ритмови. На простору Балкана спајају се Исток и Запад. Препознаје се звук једних и других, али са јаким примесама центра, тако да традиционална музика ових простора исказује посебну лепоту израза. Отуда њена оригиналност.

Изучавајући народну музику Србије, анализом великог броја мелодија дошао сам до интересантних података. Открио сам тонски низ од кога су настале скоро све лествице нашег фолклорног израза. Назвао сам га *Тријестни тонски низ*, а . градивни еленемат овог низа је *трихорд - Тријест* ("три тона која јесу"). Сматрам да је *Тријест* основни звучни код традиционалне музике Србије.

Када сам приступио реализацији песама са овог албума, основна идеја је била да мелодије, мотиве или карактеристичне делове народне песме користим као цитате (теме) за компоновање. Поштујући стил и праксу народног певања, где по вертикали звуче: секунде, кварте, квинте и необични хармонски склопови, а по хоризонтали *Тријестни тонски низ*, трудио сам се да песмама удахнем снагу и лепоту српског вишегласног певања. Скоро свим мелодијама дао сам посебну ритмичку обојеност, употребом непарних и мешовитих ритмова. На тај начин добио сам ефекат "рубато" извођења.

Текстови мелодија су оригинални записи. Песме се, по карактеру, могу сврстати у три групе: косовске, моравске и источно српске. Косовске песме су најбројније. То су "Офчарче офце пасеше", "Шта се оно зелени", "Аман воденичаре" и "Кад сам била девојана". Моравске песме су "Листај ми горо зелена" и "Расла дуња и јабука". Источно српским песмама припадају "На крај село Дамјан коло води" и "Девојка се сунцу замерила".

Српска традиционана музика живи у народу, у времену. Надајмо се да ће нове генерације продужити њено трајање. Ако је изгубимо, изгубили смо себе.

Димитрије Микан Обрадовић
Етномузиколог

And what uncle-Mikan says?

Traditional music of our region reaches us from the distant past. Songs and games unknown creator entered with his skill into the collective consciousness of the people have been passed down for centuries, to the present day. Melodies, despite the changes, carry the remains of archaic tone sequences in which incurred contemporary musical scales. Metrics also shows characteristic, especially in dances with dominant mixed and odd rhythms. The Balkans connects East and West. The sound of both is recognized, but with a strong aduletrants of the center, so that the traditional music of this region shows a special beauty of expression. Hence its originality .

Studying Serbian folk music, analysing a large number of melodies I've come across some interesting facts. I found the tone sequence from which were created almost all musical scales of our folk expression. I called it "Trijestni" tonal range, and building element of the array is threechord - Trijest (" three tons which are"). I think that "Trijest" is basic sound of traditional Serbian music.

When I started realization of songs from this album, the basic idea was to use melodies, motives or characteristic parts of the folk song as quotations (themes) for composing. Respecting the style and practice of folk singing, where: seconds, fourths, fifths are collated vertically along with unusual harmonic assembly, and horizontaly "Trijest" tonal range, I tried to provide the songs with strength and beauty of Serbian polyphonic singing. To almost all the tunes I gave a special rhythmic coloration, using odd and mixed rhythms. Thereby I got the effect of " rubato " performance.

Lyrics melodies are original recordings. The songs in character, can be classified into three groups: Kosovske (songs from Kosovo), Moravske or Moravian (not to be confused with Moravian part of the Republic of Slovakia, but from the part around river Morava in Serbia) and East Serbia. Kosovo's songs are most numerous. These are: *The shepherd was keeping sheep* (*Ofčarče ofce paseše*), *What is that green over there* (Šta se ono zeleni), *Hey miller* (*Aman vodeničare*) and *When I was a young girl* (*Kad sam bila devojana*). Moravske or Moravian songs: Grow green my green forest (*Listaj mi goro zelena*) and *Quince and apple* (*Rasla dunja i jabuka*). To East Serbian songs belong: At the end of the village *Damjan leads the dance (Na kraj selo Damjan kolo vodi)* and *The girl confronted the sun (Devojka se suncu zamerila).*

Serbian traditional music lives within the nation , and within time . Let's hope that the new generation will extend it's life. If we lose it, we will lose ourselves.

Mikan Dimitrije Obradović
ethnomusicologist

ЛИСТАЈ МИ ГОРО ЗЕЛЕНА
(Србија)

Листај ми горо зелена,
потеци водо студена,
зали' ми моје трагове,
да ме драги више не нађе.
Мога сам драгог варала
и три године лагала.
Листај ми горо, потеци водо.

ЛИСТАЈ МИ ГОРО ЗЕЛЕНА

(Србија, Косово)

Димитрије Макан Обрадовић

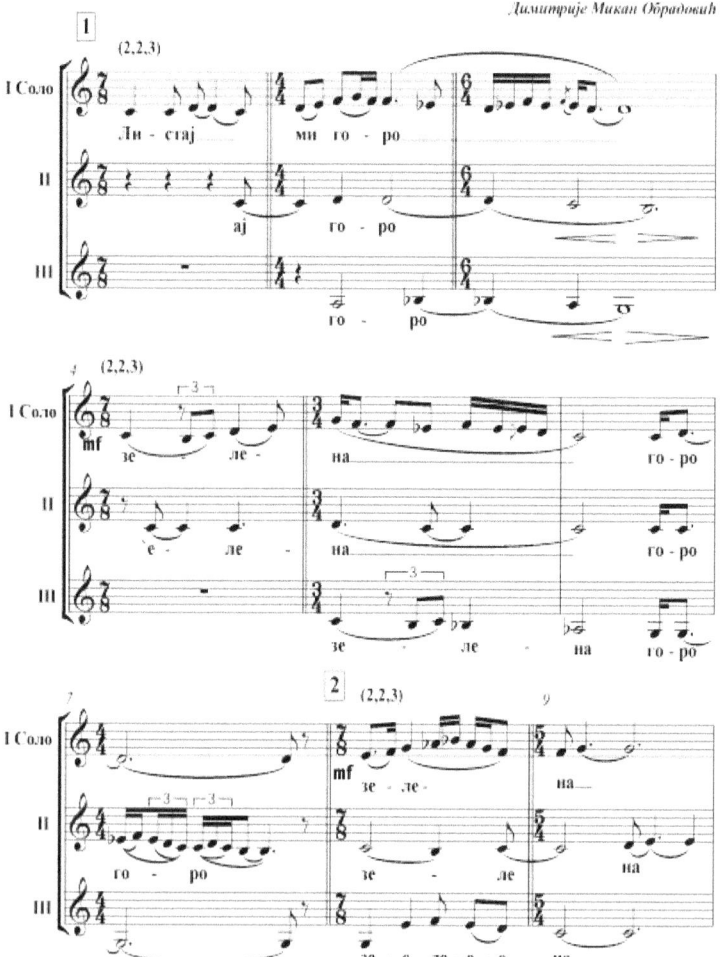

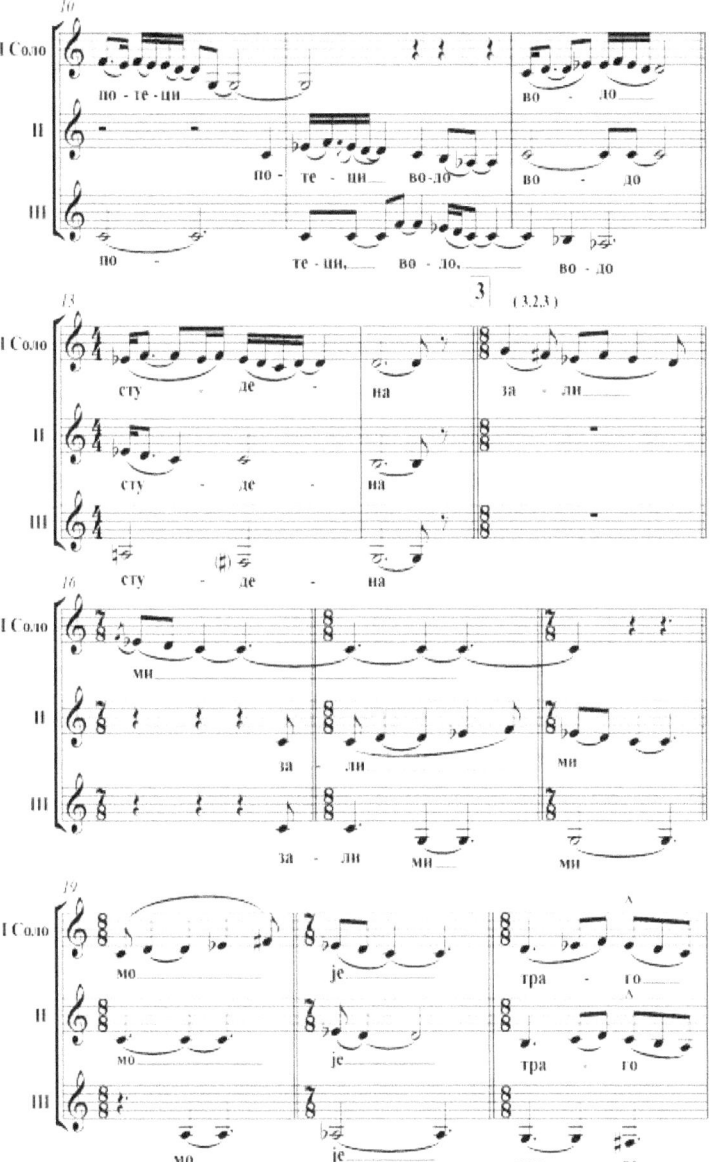

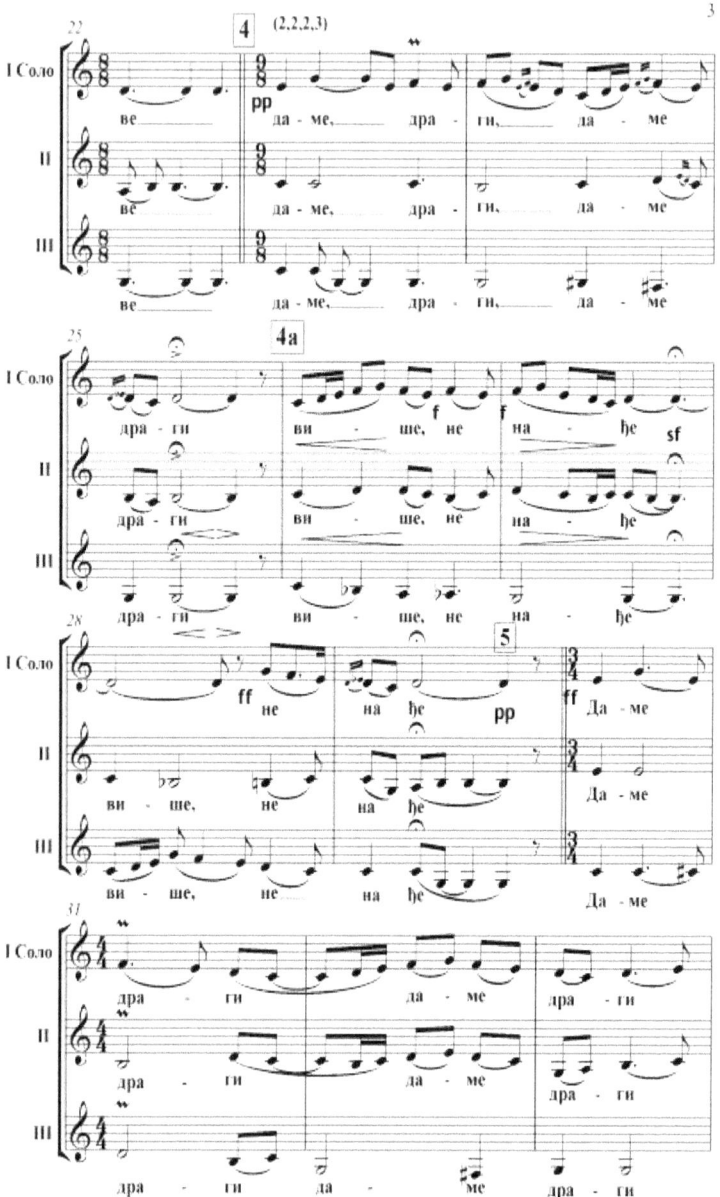

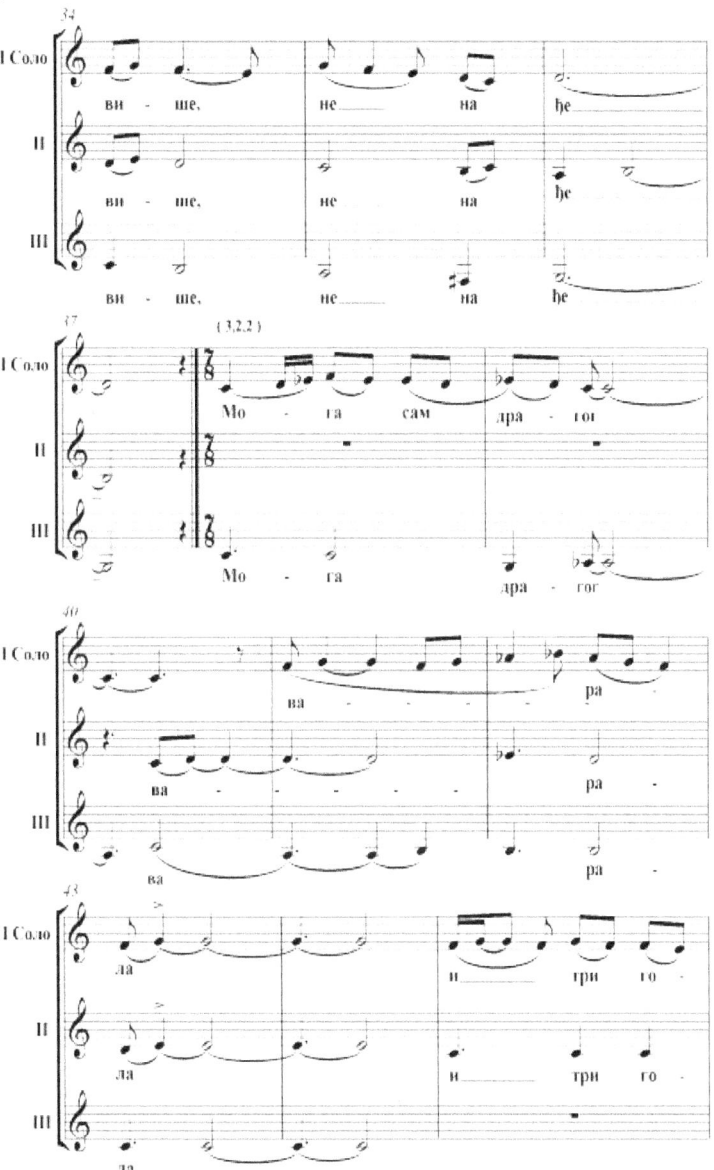

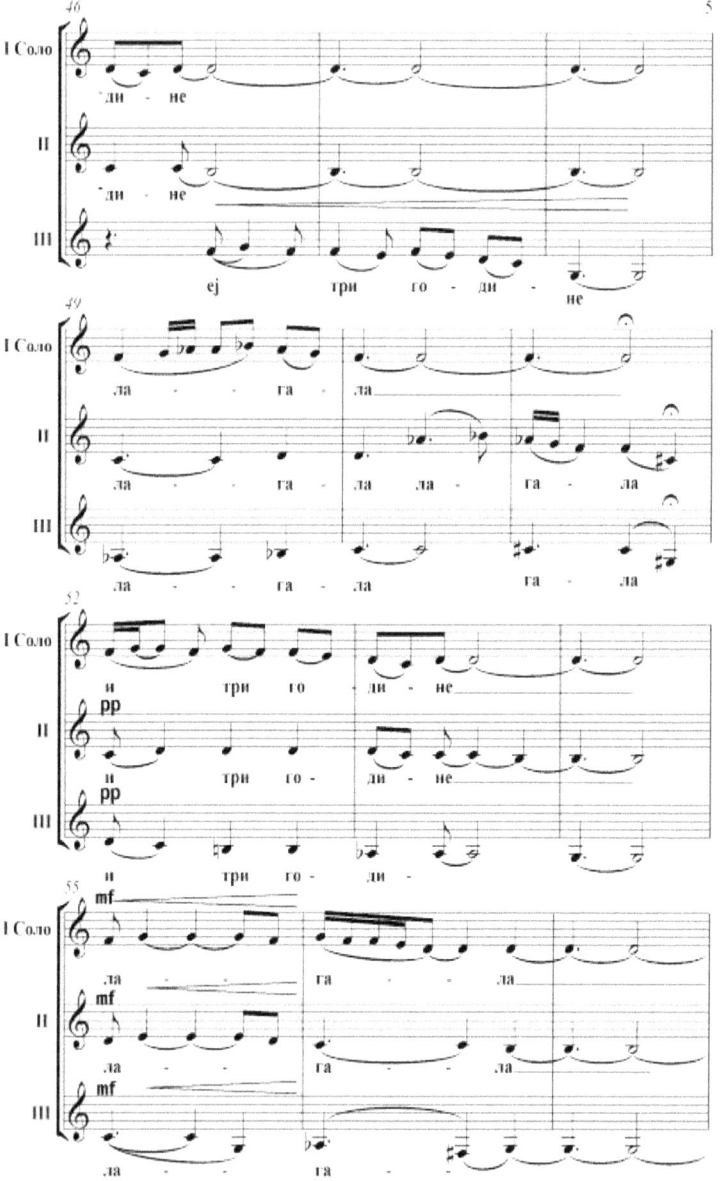

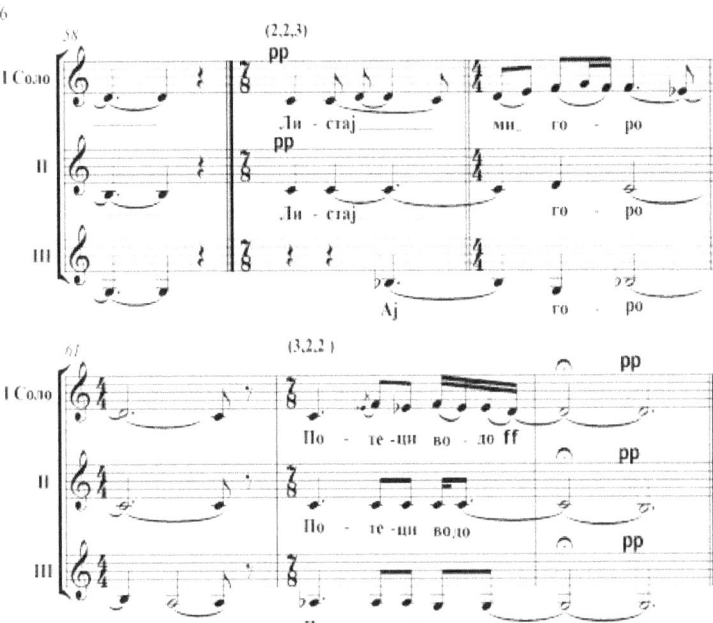

Етно-песма и етноинструментална музика за ново доба

Последњих година и у свету и код нас много се говори и пише о етно-музици. Основане су бројне вокално-инструменталне групе које негују ову врсту музике. У новијој извођачкој пракси етно музике, постоје два битна, различита приступа. Први настоји да по сваку цену подражава звук народне песме и звук народне инструменталне музике у облику који се чује "на терену" и за који многи етномузиколози мисле да је архаичан. Инсистира се на грленом певању, на прегласној инструменталној музици.

Услови често неакустичног отвореног простора, вештачки су пребачени у мали, свакојако ограничен простор. Песма и музика које су настајале и опстајале у другачијим временима пребачене су, без прилагођавања, у сасвим другачију и различито прихваћену акустику. Такав приступ има своје присталице, заговорнике, али, природно, мали број слушалаца. "Архаични" звук народне песме и народне инструменталне музике није више близак слушаоцима, посебно не младима, не онима који су одрастали и стасавали уз другачији звук. Другачији ритам у свакојако другачијем оркужењу и животним условима.

Други, креативнији приступ етно-музици негују вокално-инструменталне групе које настоје да аранжманом, вокалном и инструменталном интерпретацијом традиционалну песму и музику приближе данашњем, савременом музичком укусу, укусу који се обликовао; који је обликован у контексту упознавања различитих музичких традиција и музичких укуса. По моме најдубљем уверењу вокално-инструментална група "Бистрик Оркестар" Биље Крстић је у таквом приступу најдаље отишла на српским просторима.

Група је састављена од музички изванредно образованих и изузетно надарених чланова. Етно-музици приступају студиозно, али са очигледним одушевљењем.

Њихове интерпретације су виртуозне, до танчина промишљене. Посебну вредност групе представља настојање да се етно-музика српских простора стави у контекст етно-музике Балкана и Југоисточне Европе. На њиховом репертоару је традиционална песма и инструментална музика Срба, Бугара, Македонаца, Влаха, Румуна, Мађара и Рома.

У временима када Србија, користећи европски и светски музички помодни тренд, настоји да се што више представи ромском музиком, када је Гуча, такозвани српски бренд израсла у особени бирфест и карневалску смотру трубачких оркестара, *Биља Крстић и Бистрик Оркестар* нуде Европи и свету другачији, свакојако озбиљнији и комплекснији музички портрет српских и балканских простора. *Бистрик* поседује довољно уметничке самосвести и достојанства да се одупре помодном, квази научној инвазији вокално-инструменталних група које негују тзв. изворни, аутентични фолклор.

Развој технологије, усавршавање средстава за производњу, како би се то рекло језиком старим неколико деценија, неминовно захтева и условљава бројне промене традицијских схватања. И пожутеле фотографије у старим породичним албумима не буде много емоција међу најновијим генерацијама, вишедеценијски удаљеним. Ваља пронаћи нов, савременом младом човеку прихватљив и разумљив, начин да се прохујало доба учини блиским, емотивно инспиративним. *Бистрик* и Биља су га нашли. Они су уистину пошли од старих мелозаписа народних песама, одабирајући међу њима песме које су им ритмом, мелодијом и текстуалним садржајем највише одговарале. Међ` мноштвом прелепих песама, тешко је издвојити, најлепше, најупечатљивије. Пажњу слушалаца привлачи прелепа архаична песма *Девојка се сунцу замерила* изјавом девојке како је од сунца лепша, због чега је увређено сунце казни тако што јој ожеже лице током петровских врућина; потом и песма која опева тужну судбину девојке која док је била "девојана млада" веровала је како јој нема равне у пола света, а када су је младу удали, схвата да је "њено време" бесповратно прошло.

Узбудљива особена музичка, интерпретативна и поетска антологија српских простора и Балкана већ је препозната од Европе и света. Дошао је ред да и ми, у нас, одамо дужно признање и дивљење изванредним музичарима и вокалним солистима, брилијантним музичким аранжманима и, на послетку, анђеоском гласу Биље Крстић.

Проф. др Ненад Љубинковић

Ethno song and etnoinstrumental music for the New age

In the past few years in the world and here it has been a lot of talk and writings about etnomusic. Many vocal and instrumental groups who cherish this type of music. At recent performance practice ethno music has two fundamentally different approaches. The first one tries at any cost to imitate the sound of folk songs and folk sound of instrumental music in a format that can be heard "on the ground" and that many ethnomusicologists believe is archaic. They insist on the guttural singing, instrumental music at full volume. Conditions of often unacoustic open space, are artificially transferred to a small, limited space by all means. Song and music that have emerged and persisted in different times have been transferred, without adjustment to a different and variously accepted acoustics. Such an approach has its supporters, advocates, but, naturally, a small number of listeners. «Archaic» sound of folk songs and instrumental folk music is more close to the audience, especially young people, to those who grew up and grew up with a different sound. different rhythm in every way different encirclement and living conditions

Other, more creative approach to foster ethno music, is run by vocal and instrumental groups seeking to bring closer to up to date musical taste traditional song and music, which was designed in the context of introducing different musical traditions and musical tastes arrangement, vocal and instrumental interpretation. In my deepest belief vocal and instrumental group "Bistrik Orchestra" Bilja Krstić has gone furthest in this approach on Serbian territory.

The Group consists of an extraordinary musically educated and extremely talented members. They access ethno music meticulously, but with obvious enthusiasm. Their interpretations are virtuos, minutely thought out. The special value of the group is that they try to put ethnomusic from Serbian area in context of ethnomusic from Balkans and Eastern Europe. Their repertoire includes traditional songs and instrumental music of the Serbs, Bulgarians, Macedonians, Vlachs, Romanians, Hungarians and Gypsies.

At a time when Serbia, using European and world music fashionable trend, is trying to represent itself as much as it can with Gypsy music, particularly in Guča so-called Serbian brand that has grown in a kind of bierfest-like carnival parade of brass bands, Bilja Krstić and Bistrik Orchestra offer Europe and the world a different, all manner serious and complex musical portrait of Serbian and Balkan area. "Bistrik" has enough artistic self-consciousness and dignity to resist the trendy, quasi-scientific, invasion of instumental and vocal groups who cherish the so-called. "original, authentic folklore".

Technology development, improvement of means of production, as we would say in a few decades old language, necessarily demands and causes numerous changes in perception of tradition. Even yellowed photos in an old family albums, do not evoke much emotion among the latest generations, several decades apart. We should find a new way, manageable and understandable to the modern young man, that will bring bygone era closer and make it emotionally inspiring. "Bistrik" and Bilja found it. They really started from old records of folk songs, choosing among them songs whose beat, melody and text content is most appropriate. Among the many beautiful songs, it is difficult to single out, the most beautiful, the most striking. The attention of listeners is attracted by archaic beautiful song "The girl confronted the sun " (*Devojka se suncu zamerila*). The statement that girl is more beautiful than the sun. That sentence offended sun who scorched her face during summer heat, and secondly, the song that sings about sad fate of the girl who believed, when she was young, that she has no equal in half the world. When she got married as a very young girl, realizes that "her time" is irretrievably gone.

Exciting distinctive music, interpretive and poetic anthology of Serbian and Balkan area has been recognized for ages by Europe and the world. Now, it is our turn, here, to pay our tribute and admiration of extraordinary musicians and vocal soloists, brilliant musical arrangements and, finally, the angelic voice of Bilja Krstić.

professor Nenad Ljubinkovic PhD

ШТА С' ОНО ЧУЈЕ НА ОНОЈ СТРАНИ
(Србија)

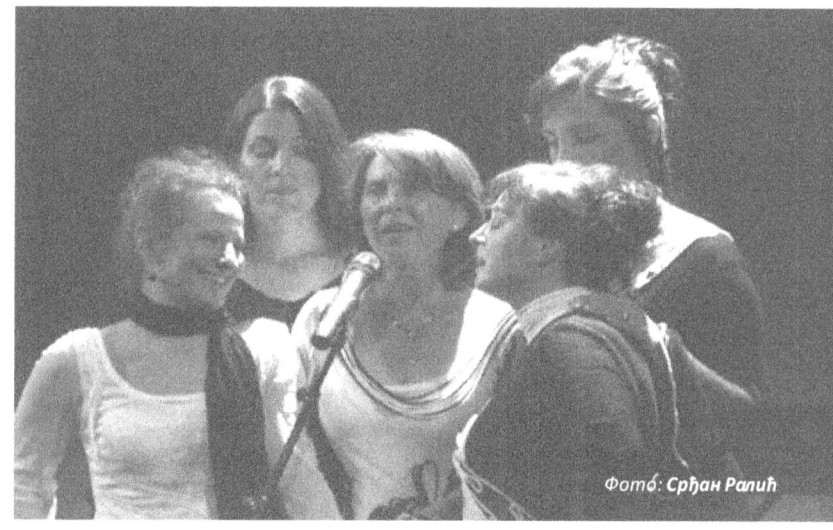

Фото: **Срђан Ралић**

Шта с` оно чује на оној страни?
Ил` звона звоне, ил` петли поју?
Шта с` оно чује?
Јасна седељко!

Нит` звона звоне, нит` петли поју,
Већ сеја брату свом поручује.
Шта с` оно чује?
Јасна седељко!

Ја сам ти, брате, турска робиња,
Искуп` ме, брате, из турски` руку
Ја сам ти, брате.

За мене Турци много не траже:
Три литре злата и две бисера.
Јасна седељко!

ШТА С' ОНО ЧУЈЕ НА ОНОЈ СТРАНИ

(Србија)

запис проф. М.Васиљевић
Арр. Бистрик

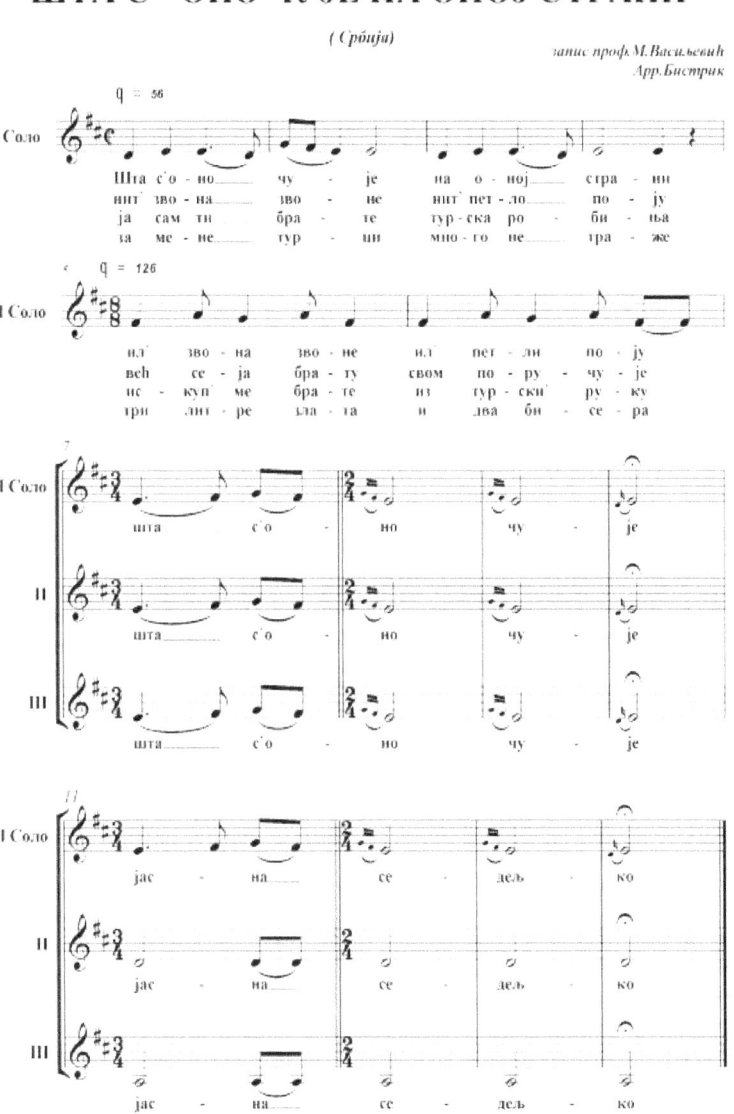

Умивени лепотом са извориштa

"Колико је на дрвећу лишћа,
толико је песама на уснама српског народа",
записао је својевремено, кажу,
Ханс Кристијан Андерсен током свог јединог
пропутовања кроз наше крајеве...
Заронити међу те бисере,
у игри вечитог враћања на Свети Извор,
где светлуцају сви разлози и одговори,
могу само одабрани миљеници Музике.
Биљана Крстић и "Бистрик" то јесу.
Доказали су одавно ...
Посвећење којим отварају латице те Тајне је, пре
свега, љубавни чин високог реда, предодређен да
нас, у ововременим данима нагона и дреке,
подсети на наше узвишено порекло, те ободри да
као народ
не упаднемо у замке самозаборава.
Она Лепота која диже поглед ка небу а руку на
срце, пева кроз звонки, јасновидан глас Биљане
Крстић и задивљује, радује, лечи, спаја,
мири времена и разлике,
враћа слушаоца духовној основи којој и припада.
Као каква величанствена звучна фреска,
на *акапела* албуму "Извориште",
у ниски вишегласних песама,
култни глас Биљане Крстић,
у сазвучју са пратећим женским вокалима,
својим колоритом и лирском алхемијом у којој
слој на слој - исконско, проосећано, сањано,
најчистије наслеђено бесцен-благо трага за
собом у ововременим заносима,

уздуже народно певање до литургијског поја. Над мелопоетским слојем доминира онај нематеријални, ауторски, доживљајни,
који постојећи нотни систем чини немоћним да га забележи. Управо то је та шифра која гласу Биљане Крстић, а и наново оживљеним песмама, ослобађа пут и кроз време и кроз простор...
Слушати *Извориште* значи заронити у дубине народног духа..., значи жедан попити чашу бистре воде.., и загрлити сопствену душу, а Србију и Балкан са читавим светом.

*Софија Љуковчан,
новинар,РТВ Војводина*

Bathed with beauty of the spring

"As many as leaves on the trees,
that many are the songs on the lips of the Serbian people," wrote once, as story tells,
Hans Christian Andersen during his one and only travel through our area...
To dive among the jewels in the dance of continual return to Holy Well,
where all reasons and answers glitter,
is reserved only for selected darlings of music.
Biljana Krstić and "Bistrik" are.
They proved themselves a long time ago...
Sanctification with which they open petals of the secret is, above all, a high order act of love that predestined us in temporal days of drive and bawling, to remind us of our sublime origin, and to cheer us as people not fall into the trap of self-forgetfulness.
The beauty that raises eyes up to the sky and hand on heart, sings through the lilting, chrystal clear voice of Biljana Krstić and it astonishes, make everybody happy, treates, combines,
peace and the time difference,
it returns listener to spiritual basis where it belongs.
Sounding like a magnificent fresco on the *a cappella* album "The Wellspring" in many polyphonic songs, iconic voice of Biljana Krstić,
in symphony with female backing vocals,
through it's colors and lyrical alchemy in which layer on layer - primordial, sensed, dreamed, cleanest inherited, priceless treasure quests for herself in the temporal fascinations, rises folk singing to the liturgical cantillation...

Over the melody-poetic layer, dominates the immaterial, author, experiential, notation that existing system seems powerless to record.
This is precisely the code that clears path through time and through space for Biljana Krstić and revived songs...
Listening to *The Wellspring* album means to dive into the depths of national spirit, means thirsty to drink a glass of clear water, means to embrace his own soul, and Serbia and the Balkans with the entire world.

Sofia Ljukovcan
journalist, RTV Vojvodina...

КАРАВИЉЕ, КАРА ЛИ ТЕ МАЈКА
(Србија)

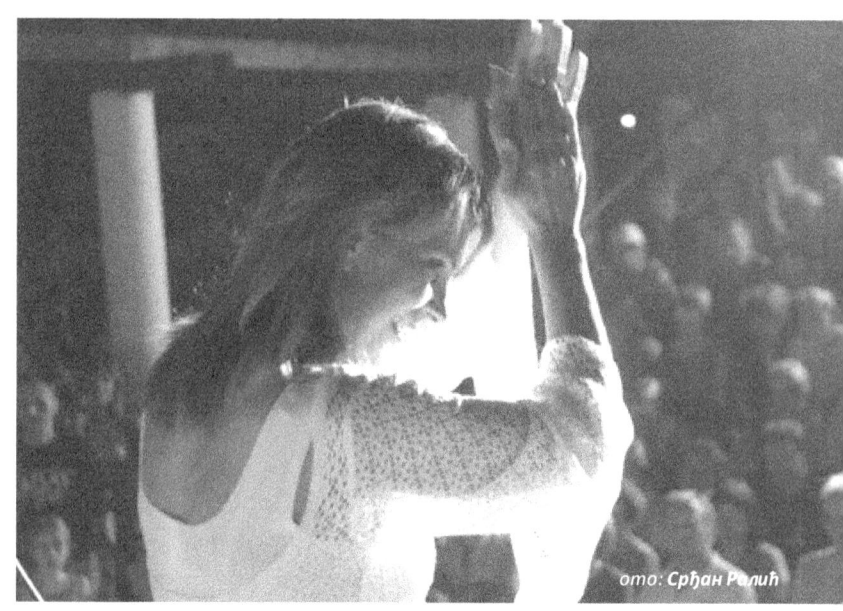

Каравиље, кара ли те мајка?
Нит` ме кара, нит` ме одговара.
Већ ме шаље на Дунав, на воду.
А ја не знам одкуд Дунав тече.
Дунав тече са банатске стране.

КАРАВИЉЕ
КАРА ЛИ ТЕ МАЈКА

(Србија)

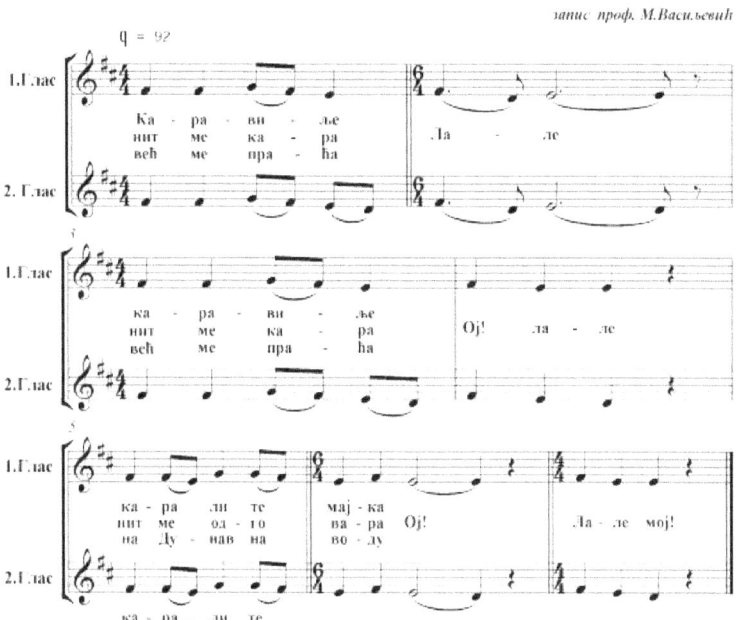

А ја не знам лале
А ја не знам Ој, лале
Откуд Дунав тече,
Ој, лале мој

Дунав тече, лале
Дунав тече, Ој, лале
Са банатске стране,
Ој, лале мој

ndklaris@sbb.rs

Гале, за крај... о Бистрику

... део незамућене воде, кроз коју рони сунце,
да би дотакло онај део живота омеђен радошћу.

Капи воде које се претварају у звук.

Глас који одзвања кроз ходнике историје и поново
пали ватре које су лењо тињале.

Музика која се родила из пепела заборава
и коју можеш да додирнеш уснама.

Добровољни прилог великој светској култури, која
гордо опстаје на рушевинама сећања.

*Драгомир Гале Јанковић,
новинар,
Радио Београд*

Gale, for the end... about Bistrik

"Bistrik" (clear water), a part of non turbid water,
through which the sun dives,
to touch the part of life bounded with joy.

Drops of water converted into sound.

The voice that echoes through the corridors of history
and re-burn the lazy smoldering fire.

Music that was born from the ashes of oblivion
and which you can touch with your lips.

Contribution to the big, global culture that survives
proudly on the ruins of memory.

Dragomir Janković Gale,
journalist,
Radio Belgrade

ИЗВОРИШТЕ
БИСТРИК

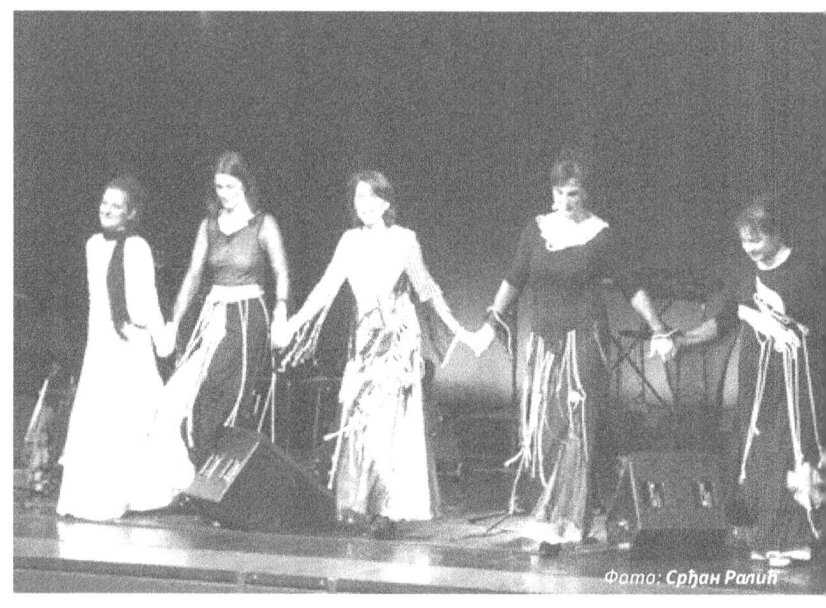

Фото: *Срђан Ралић*

Биља Крстић
Ружа Рудић
Наташа Михаљинац
Маја Клисински
Невенка Радонић
гошћа - Наташа Симић

ИЗВОРИШТЕ
Приредила Тања Николић

Издавач
ИА Нова ПОЕТИКА
Милентија Поповића 32А/15
Нови Београд– Београд
Телефон: +381 61 720 62 70

За издавача
Миломир Бата Цветковић

Главни и одговорни уредник
Лазар Јанић

Лектура, коректура, прелом
Маја Клисински
Миломир Бата Цветковић

Превод
Растко Радовановић

Сарадници
Биља Крстић
Наташа Михаљинац
Ружа Рудић
Ненад Димитријевић
Драгомир Мики Станојевић
Маја Клисински

Дизајн
Миломир Бата Цветковић

Технички уредник
Милица Јоксимовић

Штампа
Научна КМД

www.novapoetika.com

CIP - Каталогизација у публикацији
Народна библиотека Србије, Београд

784.4.087.62/.67.089.6

ИЗВОРИШТЕ [Штампана музикалија] /
приредила Тања Николић. - Београд : Нова
поетика, 2013 (Београд : Научна КМД). - 1
партитура (125 стр.) : ноте, фотогр. ; 20 cm

Тираж 1.000. - Упор. на срп. и енг. јез.

(брош.)
ISMN 979-0-802028-00-5
1. Бистрик
а) Народна музика - Песме - Партитуре
COBISS.SR-ID 201918988

www.ingramcontent.com/pod-product-compliance
Lightning Source LLC
Chambersburg PA
CBHW051810170526
45167CB00005B/1961